Inhalt:

1. Vorbemerkung

1.0   Was dieser iBusiness-Leitfaden erreichen möchte

Dieser iBusiness-Leitfaden soll eine Hilfe sein, die vertraglichen Rahmenbedingungen von Projekten so zu strukturieren, dass typische Fallstricke in der Durchführung umgangen und auftretende Probleme gelöst werden können. Kern des Leitfadens ist dabei ein kommentierter Mustervertrag als praktisches Anschauungsbeispiel. Dagegen ist der Text im engeren Sinn keine Abhandlung über Projekt-Management oder Projektmethoden. Diese Fragen sind aber mit dem Thema des vorliegenden Leitfadens naturgemäß eng verwoben, denn die rechtlichen Übereinkünfte der Parteien sollen und müssen die sachlichen Notwendigkeiten und Verfahrensschritte des Projekts widerspiegeln. Dieses Spannungsfeld wird dargestellt.

Auch wenn es schön wäre: Dieser iBusiness-Leitfaden wird nicht auf einen Schlag alle Ihre Probleme bei der Formulierung von Projektverträgen lösen. Die vorgeschlagenen Vertragstexte sollten nicht einfach unbesehen übernommen werden. Der Leitfaden kann aber Ihr Problembewusstsein schärfen und für die typischerweise auftretenden Sach- und Interessenslagen aus rechtlicher Sicht vernünftige Lösungsvorschläge unterbreiten.

1.1   Für wen dieser iBusiness-Leitfaden gedacht ist

Der vorliegende iBusiness-Leitfaden wendet sich an all diejenigen, die an der Verhandlung und Durchführung von Projekten speziell in der Medien- und IT-Branche beteiligt sind. Er soll eine Hilfe bei der Verhandlung, Formulierung und Durchführung von Projektverträgen geben. Dabei sind die Ausführungen und Vorschläge nicht einseitig auf die Auftraggeber- oder Auftragnehmerseite abgestimmt. Denn ein Projekt ist eine gemeinsame Anstrengung, die in erster Linie Kooperation und Kommunikation erfordert. Es wird nur dann gelingen, wenn die Parteien zusammen- und nicht gegeneinander arbeiten.

1.2   Was in diesem iBusiness-Leitfaden steht

Der iBusiness-Leitfaden gliedert sich in vier Teile.

- Im ersten Teil geht es um die Klärung einiger Vorfragen. Was eigentlich ist ein Projekt und welche Schlussfolgerungen ergeben sich aus der Antwort auf diese Frage für den Projektvertrag?
- Im zweiten Teil wird auf einige Punkte eingegangen, die regelmäßig bei der Verhandlung und dem Abschluss eines Projektvertrages zu beachten sind.
- Im dritten Teil, dem Herzstück des Leitfadens, wird ein Mustervertrag vorgestellt, wie er zwischen zwei Vertragsparteien bezüglich eines - näher erläuterten - Projektes geschlossen werden könnte. Dieses Musterprojekt ist dabei als Beispiel zu verstehen, anhand dessen typische Fallkonstellationen nachvollzogen und besprochen werden können. Die Klauseln des Mustervertrages werden dabei detailliert erläutert, so dass die den Formulierungen zugrunde liegenden Gedanken und Lösungen auf ähnliche Konstellationen in anderen Projekten übertragen werden können. Nachfolgend wird an vielen Stellen auf alternative oder zusätzliche Regelungsmöglichkeiten hingewiesen.
- Im vierten und letzten Teil werden Besonderheiten besprochen, die immer dann entstehen, wenn auf der Dienstleisterseite eines Projektes mehrere Unternehmen beteiligt sind.

Die Erörterungen gehen dabei von der Annahme aus, dass die beteiligten Unternehmen die vertraglichen Regelungen frei und bezogen auf den konkreten Einzelfall aushandeln, also keine Allgemeinen Geschäftsbedingungen (AGB) vorliegen. Zur Frage, was AGB sind, wann man mit diesen zu tun hat und welche Auswirkungen sich hieraus auf den Vertrag ergeben können, siehe weiter bei Punkt 2.4.

2 Ein paar Vorfragen

2.0   Was ist ein Projekt?

Der Begriff „Projekt" wird sowohl in der Umgangs- als auch in den Fachsprachen recht breit verwendet. Das ist völlig legitim und unschädlich, macht es aber notwendig, den Begriff für unsere Zwecke genauer zu fassen und die relevanten Merkmale von Projekten in unserem Sinne herauszuarbeiten. Sie als Leser sollten schließlich wissen, worum es hier eigentlich geht.

Mit nur wenig Aufwand findet man in Büchern, im Internet und durch das Nachfragen bei in der Projektabwicklung erfahrenen Personen eine ganze Reihe von Definitionen und wesentlichen Merkmalen. Etwa die DIN 69901 definiert ein Projekt als ein

„Vorhaben, das im Wesentlichen durch Einmaligkeit der Bedingungen in ihrer Gesamtheit gekennzeichnet ist, wie z.B. Zielvorgabe; zeitliche, finanzielle, personelle oder andere Begrenzungen; Abgrenzung gegenüber anderen Vorhaben; projektspezifische Organisation."

Das klingt schon recht gut, ist aber letzten Endes sehr weit und unscharf. Wichtig ist aber die Erkenntnis, dass ein Projekt etwas (mehr oder weniger) Einmaliges ist. Routine oder Produkte sind keine Projekte.

Sehr schön für unsere Zwecke ist die Definition und Aufzählung der Merkmale eines Projekts im „Praxisleitfaden Projektmanagement im Bundesministerium des Innern"[1]:

„Projekte sind einmalige Prozesse mit einem bestimmten Start- und Endtermin zur Erreichung definierter Ziele. Auf Projekte treffen in der Regel folgende Merkmale zu:
- *fachliche und organisatorische Komplexität,*
- *eindeutige Zielvorgabe,*
- *Einmaligkeit, keine Routinetätigkeit,*
- *begrenzte Ressourcen,*
- *Anfang und Ende (zeitlich befristet),*
- *interdisziplinär,*
- *hierarchieübergreifend,*
- *Risiko,*
- *Innovation, hoher Neuigkeitsgrad."*

Auf einen in den gängigen Definitionen übersehenen Umstand weisen Schweinoch und Roas[2] in Bezug auf IT-Projekte hin. Auf den Umstand nämlich, dass ein Projekt in aller Regel aus einem Bündel von ganz verschiedenen Leistungen besteht:

---

[1] Bundesministerium des Inneren, die Broschüre kann im Internet unter der URL http://www.staat-modern.de/Anlage/original_ 549644/Moderner-Staat-Moderne-Verwaltung-Projektmanagement-im-BMI.pdf herunter geladen werden.
[2] Martin R Schweinoch und Rudolf L. Roas, „Leitfaden IT-Projekte", herausgegeben vom (ehemaligen) BVIT e.V.

„Für das IT-Projekt charakteristisch ist die Bündelung mehrerer unterschiedlicher Lieferungen und Leistungen der Auftragnehmerseite zu einer einheitlichen Lösung für den Auftraggeber."

Ein fundamental wichtiger Aspekt, dessen Außerachtlassung nebenbei die Schwäche obiger Definitionen ist, liegt zuletzt Winfried Berner[3] am Herzen. Der Umstand nämlich, dass Menschen an einem Projekt beteiligt und davon betroffen sind:

„Gebräuchliche Definitionen von Projekten ignorieren durchweg deren soziale Dimension: Projekte werden in erster Linie als Verfahren zur Lösung von Sachproblemen verstanden. Dass davon Menschen betroffen sind, die auf die geplanten oder stattfindenden Veränderungen reagieren und damit den weiteren Verlauf beeinflussen, bleibt in den Begriffsbestimmungen unerwähnt, obwohl genau das in der Praxis in fast jedem Veränderungsprozess eine entscheidende Rolle spielt."

2.1 Schlussfolgerungen für den Projektvertrag

An dieser Stelle haben wir bereits einiges Rüstzeug zusammen, wir können schon viel darüber sagen, welche grundlegenden Eigenschaften der Projektvertrag wird haben müssen, welchen Randbedingungen er genügen muss.

Der Vertrag wird:
- komplexe Sachverhalte regeln, strukturieren und handhabbar machen müssen;
- ein Dauerschuldverhältnis im weiteren Sinn begründen, da Leistungen über einen längeren Zeitraum ausgetauscht werden;
- auf Kooperation angelegt sein;
- ein „kommunikativer" Vertrag sein, denn ohne Kommunikation gibt es keine Kooperation und keine soziale Interaktion;
- flexibel sein, um Änderungen des Projekts noch während der Durchführung zu verkraften, wozu es „weiche" Verfahrensregeln wird geben müssen;
- Konfliktsituationen möglichst vermeiden und, so sie dennoch auftauchen, Verfahren zu deren Lösung aufzeigen;
- Kontrollmechanismen beinhalten, denn ohne Kontrolle kein Management des Projekts;
- Elemente vieler klassischer Vertragstypen enthalten, da die Leistungen, die das Projekt beinhaltet, sehr verschieden sein können;
- den Umgang mit Abhängigkeiten regeln, etwa die der Leistung des Auftragnehmers von Mitwirkungsleistungen des Kunden.

---

[3] Winfried Berner, http://www.umsetzungsberatung.de/projekt-management/projekte.php, die gesamte Webseite ist übrigens ausgesprochen instruktiv und lesenswert.

2.2   Sinn des Projektvertrages

Mit diesen Vorgaben der Eigenschaften des Projektvertrages sollte man auch dessen Zweck noch einige Gedanken widmen.

Oft wird Sinn und Zweck eines Vertrages vor allem darin gesehen, dass er **„halten müsse**, wenn etwas schief läuft". Er soll einklagbar sein, Positionen sichern. Im Krisenfall dient er so verstanden im Wesentlichen dazu, als „Drohmittel" eingesetzt zu werden. Umgekehrt müsste man, sähe man das als einzigen Zweck einer Übereinkunft an, sich eigentlich ins Lager derer stellen, die meinen, solange man sich gut verstehe, brauche man gar keinen Vertrag oder dieser könne jedenfalls „in der Schublade verschwinden" und werde im besten Falle nie wieder hervorgeholt.

Tatsächlich hat ein Vertrag noch eine sehr viel wichtigere Funktion: Er soll festhalten und nachprüfbar machen, was die Parteien miteinander abgemacht haben. Er soll die **Spielregeln** festlegen; als Referenz dienen und so dafür sorgen, dass man sich auch weiterhin gut versteht. Jede Partei soll nachschlagen können und muss selbst verstehen, was in einer bestimmten Situation zu tun ist. Das ist besonders bei Projektverträgen wichtig, die ja einen Mangel an inhaltlicher Bestimmtheit der Leistung durch besondere Formalität von Verfahren und Kommunikation wettmachen.

Somit dient der Vertrag nicht der Entscheidung eines entstandenen Streits vor Gericht, sondern der **Vermeidung** von Streit überhaupt. Das setzt natürlich dreierlei voraus:

- Zum einen muss der Vertrag so gut es eben geht **vollständig** sein. Er sollte die denkbaren Konstellationen, die sich im Laufe des vertraglichen Verhältnisses ergeben können, berücksichtigen und angemessen regeln. Vom Ersteller des Vertrages wird also ein gerüttelt Maß an Vorstellungskraft und Erfahrung verlangt.
- Weiterhin muss der Vertrag so geschrieben sein, dass er von beiden Parteien auch wirklich **verstanden** wird, möglichst auch noch in gleicher Art und Weise. Er sollte daher weder eine zu „juristische" noch eine zu „fachliche" Sprache verwenden, sondern für alle Beteiligten nachvollziehbar geschrieben sein, sonst taugt er nicht als Referenz. Idealerweise enthält der Text Metainformationen wie Präambeln, Verweise, Indizes etc.: Dinge also, die die Handhabung des Textes und seine Auslegung einfacher und sicherer machen.
- Zuletzt müssen die Parteien auch den **Willen** haben, sich an den Vertrag zu halten. Das mag selbstverständlich klingen, ist es aber keineswegs. Im Gegenteil scheint die Tendenz immer mehr zuzunehmen, Verträge erst zu verhandeln, dann aber ggf. außergerichtlich und gerichtlich zu versuchen, möglichst elegant „aus dem Vertrag herauszukommen".

2.3 Rechtsnatur des Projektvertrages

Der deutsche Gesetzgeber war schon immer recht fleißig, früher auch gründlich. Er hat sich daher beim Verfassen des Bürgerlichen Gesetzbuches BGB nicht davon abhalten lassen, viele typische Verträge bereits im Gesetz mit **„Musterregeln"** zu versehen. Diese gelten dann, wenn zwei Parteien zwar einen Vertrag schließen, aber außer der reinen zu erbringenden Leistung nichts weiter regeln oder jedenfalls bestimmte regelungsbedürftige Punkte übersehen oder bewusst offen lassen. Einige der gesetzlichen Regeln sind sogar gänzlich der Disposition der Parteien entzogen: Diese können nicht abweichend vom Gesetz geregelt werden.

Da somit das gesetzlich vorgegebene Recht dem von den Parteien vereinbarten Recht ergänzend zugrunde liegt, teilweise sogar vorgeht, ist es keineswegs eine müßige Aufgabe darüber nachzudenken, welcher Vertragstyp in Gestalt eines Projektvertrages vorliegt; welcher gesetzlichen Vorgabe gefolgt wird.

An solchen Typen herrscht im deutschen Recht durchaus kein Mangel. Es gibt hier unter anderem etwa:

- den Kaufvertrag, bei dem ein punktueller Austausch von Sachen oder auch Rechten gewollt ist;
- den Werkvertrag, bei dem ein bestimmter Erfolg, eben „das Werk" geschuldet wird;
- den Dienstvertrag, bei dem ein Bemühen geschuldet wird;
- den Mietvertrag.

Weniger projektrelevant beschäftigt sich das Gesetz übrigens auch mit der Leibrente, der Wette und der Einbringung von Sachen bei Gastwirten.

Welcher Vertragstyp konkret gegeben ist, hängt von den Umständen des Einzelfalls ab. Nun ist das Etikett „Projektvertrag" recht unbestimmt, hierunter lässt sich viel fassen.

Soweit Gegenstand des Vertrages nur die dauerhafte Überlassung von materiellen oder auch immateriellen, standardisierten Gütern gegen Entgelt ist, wird in der Regel ein **Kaufvertrag** nach den §§ 433 ff. BGB vorliegen. Das trifft etwa zu auf die Lieferung einer Standard-Software, eines Redaktionssystems „out of the box" oder auch eines Templates für eine Internetseite. Keine Rolle spielt die Komplexität des Gutes, ob es sich etwa im Fall von Software um eine „Hallo-Welt-Anwendung" oder ein ERP-System handelt.

Bei der befristeten Überlassung solcher Leistungen gegen Entgelt, etwa im Wege des Application Service Providing, wird meist ein **Mietvertrag** nach den Regeln der §§ 535 ff. BGB vorliegen.

Viele Projekte beinhalten zudem einen mehr oder weniger wichtigen Beratungsteil. Hier wird, jedenfalls wenn als Ergebnis der Beratung kein bestimmtes, definiertes Ergebnis (kein „Erfolg") geschuldet ist, oft ein **Dienstvertrag** vorliegen, §§ 611 ff. BGB.

Sehr häufig wird es sich beim hauptsächlichen Leistungsgegenstand im hier relevanten IT- und Medienbereich jedoch um die Erstellung einer Individual-Software, einer Internetseite, einer Datenbank, eines Manuskripts, Films oder Videos oder jedenfalls die Anpassung dieser Güter, die im Kern standardisiert vorliegen mögen, an Kundenbedürfnisse handeln.

Früher – das meint vor dem Jahr 2002 – war die rechtliche Einordnung jedenfalls solcher Projektverträge kein Streitpunkt. Es wurde fast einhellig ein **Werkvertrag** angenommen.

Diese rechtliche Bewertung hat sich mit der Schuldrechtsreform, die zu Beginn des Jahres 2002 in Kraft getreten ist, erheblich kompliziert. Der hierfür verantwortliche, neu in das BGB aufgenommene § 651 lautet:

§ 651 BGB - Anwendung des Kaufrechts
Auf einen Vertrag, der die Lieferung herzustellender oder zu erzeugender beweglicher Sachen zum Gegenstand hat, finden die Vorschriften über den Kauf Anwendung. (...)

Die Entscheidung, welche gesetzlichen Regeln bei einem konkret geplanten Projekt Anwendung finden, hängt also von der Frage ab, ob der Liefergegenstand eine „Sache" ist, dann wäre in weiten Teilen Kaufrecht, nicht Werkvertragsrecht anwendbar. Was unter einer Sache verstanden wird regelt § 90 BGB:

§ 90 BGB - Begriff der Sache
Sachen im Sinne des Gesetzes sind nur körperliche Gegenstände.

Der Streit, ob das auch die typischerweise unter den hier diskutierten Verträgen zu erbringenden Leistungen erfasst, ist bereits alt, jedenfalls soweit Software betroffen ist. Vor der Schuldrechtsreform wurde die Frage allerdings an völlig anderer Stelle – nämlich bei der Frage der Mängelgewährleistung im Kaufrecht – diskutiert. Dabei kam die Rechtsprechung zu dem Ergebnis, dass wohl eine Sache vorliegt, jedenfalls die Regeln über Sachen entsprechend angewandt werden. Das mag noch halbwegs einleuchten beim Gedanken, dass Software – vor dem Aufkommen des Internets jedenfalls – häufig auf Datenträgern verbreitet wurde, die selbst natürlich Sachen sind. Es ist aber sehr viel fragwürdiger im Rahmen eines Projektvertrages, wo es nicht auf Datenträger ankommt, sondern auf immaterielle Leistungen, die möglicherweise auch noch online übertragen werden.

Viele Stimmen in der juristischen Literatur gehen daher davon aus, dass Software keine Sache ist. Das gilt in analoger Weise auch für andere unter Projektverträgen zu erbringende Leistungen, etwa die Erstellung einer Web-Seite oder die Herstellung einer Datenbank. Es läge daher bei Projektverträgen über solche Güter, bei denen diese nicht nur als Standardprodukt geliefert, sondern (auch) an Kundenbedürfnisse angepasst oder sogar individuell erstellt werden, in aller Regel ein Werkvertrag vor.

Durchaus geteilter Ansicht sein darf man darüber, ob dies interessengerecht ist. Einerseits wird darauf verwiesen, dass eigentlich kein rechter Grund ersichtlich ist, warum etwa die Erstellung einer (komplexen) Software anders beurteilt werden sollte als die Lieferung einer (ebenso komplexen) individuell hergestellten Sache wie etwa einer Maschine, eines Industrieroboters oder schlicht von individueller Hardware. In diesen Fällen wird in aller Regel ein Kaufvertrag vorliegen. Ein Grund für eine Bevorzugung der IT- und Medienwirtschaft vor z.B. dem Maschinenbau ist eigentlich nicht recht ersichtlich.

Andererseits wird zu Recht darauf hingewiesen, dass anders als im Kaufrecht der Schwerpunkt der Erstellung einer Software, einer Web-Seite, einer Datenbank, eines Werbekonzeptes oder ähnlicher typischerweise unter einem Projektvertrag zu erbringender Leistungen ja nicht auf der Lieferung als solcher liegt, sondern in dem vorgeschalteten Abstimmungs-, Konzeptions- und Herstellungsprozess. Gerade für diese Fragen hält aber das Werkvertragsrecht – durchaus anerkanntermaßen – die passenderen, interessengerechteren Regelungen bereit. So ist der Werkvertrag anders als der Kauf jedenfalls in Ansätzen kooperativ ausgestaltet, auch dem Kunden werden Mitwirkungspflichten auferlegt. Ferner gibt es im Kaufrecht keine Abnahme der Leistungen, sondern lediglich eine Ablieferung; trotz einer weitgehenden Synchronisierung durch die Schuldrechtsreform unterscheiden sich auch die Gewährleistungsregeln.

Leider ist die Frage der Rechtsnatur des Projektvertrages letzten Endes ungelöst. Gerichtliche Entscheidungen existieren hierzu kaum und auch in der Literatur herrscht rege Diskussion. Letztlich bleibt den Parteien eines Projektvertrages daher wohl nichts anderes übrig, als den Vertrag in einer Weise anzulegen, dass er gerade an den Stellen, an denen sich Werk- und Kaufvertrag nach der gesetzlichen Konzeption unterscheiden würden, eigene, vom Gesetz unabhängige, interessengerechte Lösungen findet. Sehr häufig werden diese Lösungen eher an der werkvertraglichen „Philosophie" orientiert sein: Diese ist einfach passender als andere gesetzliche Vorgaben. Dem folgen auch die in diesem iBusiness-Leitfaden unterbreiteten Vorschläge.

2.4   Projektvertrag und AGB-Recht

Leider sind die Parteien nicht immer völlig frei in der Gestaltung ihrer vertraglichen Verhältnisse. Das gilt auch für Projektverträge. Zwar ist das deutsche Zivilrecht „an sich" vom Gedanken der Vertragsfreiheit beherrscht, im Detail gibt es aber an verschiedenen Stellen Einschränkungen. Das gilt etwa dann, wenn in Gestalt von Verträgen so genannte Allgemeine Geschäftsbedingungen (AGB) vorliegen. In diesem Fall ist es insbesondere nicht ohne Weiteres möglich, einfach Regelungen etwa des Werkvertragsrechts zu vereinbaren, wenn ein Gericht zur Überzeugung käme, dass in dem Projektvertrag in der Sache ein anderer Vertragstyp vorliegt. Denn das Gericht wird die Regeln des Projektvertrages an dem von ihm angenommenen Vertragstyp messen. Die Parteien verlieren also Gestaltungsfreiheit. Oben wurde darauf hingewiesen, dass diese Gestaltungsfreiheit gerade beim Projektvertrag in besonderem Maße wertvoll ist. Es ist also wichtig, sich darüber klar zu werden, wie verhindert werden kann, dass ein Projektvertrag dem AGB-Recht unterfällt.

Was sind eigentlich AGB? Diese Frage beantwortet das Bürgerliche Gesetzbuch (BGB) in den §§ 305 ff. Die Vorschriften sind eine Lektüre wert. Zwar sind insbesondere die §§ 308 und 309 BGB mit ihren im Detail ausgeführten Klauselverboten im unternehmerischen Rechtsverkehr nicht direkt anwendbar, sie stellen aber auch hier eine gewisse Richtschnur dar, anhand derer auch solche vertraglichen Bestimmungen gemessen werden. Wenn Sie Nerven wie Drahtseile haben, dann können Sie hier nachlesen, in welch umfassender Weise der Gesetzgeber vertragliche Freiheiten beschränkt. Sollte das noch nicht genügend Abschreckung sein, dann kann Ihnen der iBusiness-Leitfaden „Allgemeine Geschäftsbedingungen für Agenturen, Dienstleister und Freiberufler", ebenfalls erschienen im HighText-Verlag, ISBN 3-933269-95-4, nur ans Herz gelegt werden.

Die eigentliche Definition zu AGB findet sich in § 305 BGB:

§ 305 BGB – Einbeziehung Allgemeiner Geschäftsbedingungen in den Vertrag
(1) Allgemeine Geschäftsbedingungen sind alle für eine Vielzahl von Verträgen vorformulierten Vertragsbedingungen, die eine Vertragspartei (Verwender) der anderen Vertragspartei bei Abschluss eines Vertrags stellt. Gleichgültig ist, ob die Bestimmungen einen äußerlich gesonderten Bestandteil des Vertrags bilden oder in die Vertragsurkunde selbst aufgenommen werden, welchen Umfang sie haben, in welcher Schriftart sie verfasst sind und welche Form der Vertrag hat. Allgemeine Geschäftsbedingungen liegen nicht vor, soweit die Vertragsbedingungen zwischen den Vertragsparteien im Einzelnen ausgehandelt sind. (...)

Sehen wir uns die Kriterien im Einzelnen an:
- AGB liegen nur dann vor, wenn die Vertragsbestimmungen *„vorformuliert"* sind. Das ist ganz unproblematisch dann der Fall, wenn ein fertiges Klauselwerk vorliegt, das im Bedarfsfall „aus der Schublade gezogen wird". Hierzu zählen insbesondere auch Musterverträge.
- *„Für eine Vielzahl von Verträgen vorformuliert"* sind Vertragsbedingungen nicht nur dann, wenn sie in der Tat schon in mehreren Verträgen Verwendung gefunden haben; die entsprechende Absicht, das Muster wieder zu verwenden, genügt.
- AGB sind dann von einer Partei „gestellt", wenn diese die Einbeziehung der Klauseln in einen Vertrag bzw. den Abschluss eines Mustervertrages im oben dargestellten Sinn verlangt.
- § 305 Abs. 1 Satz 2 BGB stellt klar, dass AGB nicht nur das klassische „Kleingedruckte" sind, sondern auch der in der Textverarbeitung abgespeicherte Standardvertrag unter den Begriff fällt.
- AGB liegen dann nicht vor, wenn Vertragsbedingungen von den Parteien im Einzelnen ausgehandelt werden. Dazu genügt es nicht, dass die AGB detailliert besprochen und dem anderen Teil erläutert werden. Vielmehr wird hier verlangt, dass die Klauseln ernsthaft zur Disposition gestellt werden und der Vertragspartner die reale Möglichkeit hat, die vertragliche Beziehung inhaltlich zu beeinflussen.

Sind nach diesen Kriterien in Gestalt eines Projektvertrages AGB gegeben, so unterliegt er einer Inhaltskontrolle. In der Praxis heißt das nichts anderes, als dass die Parteien in der Abfassung ihrer Verträge nicht frei sind, wenn sie nicht eine Unwirksamkeit einzelner Klauseln und die damit verbundene Unsicherheit riskieren wollen. Stattdessen wird der Vertrag am Leitbild der gesetzlichen Bestimmungen gemessen. Formal muss er zudem transparent sein und darf keine überraschenden Klauseln enthalten.

Die Grundnorm der Inhaltskontrolle von AGB stellt § 307 BGB dar. Dieser lautet:

§ 307 BGB - Inhaltskontrolle
(1) Bestimmungen in Allgemeinen Geschäftsbedingungen sind unwirksam, wenn sie den Vertragspartner des Verwenders entgegen den Geboten von Treu und Glauben unangemessen benachteiligen. (...)

(2) Eine unangemessene Benachteiligung ist im Zweifel anzunehmen, wenn eine Bestimmung

1. *mit wesentlichen Grundgedanken der gesetzlichen Regelung, von der abgewichen wird, nicht zu vereinbaren ist oder*

2. *wesentliche Rechte oder Pflichten, die sich aus der Natur des Vertrags ergeben, so einschränkt, dass die Erreichung des Vertragszwecks gefährdet ist.*

Die Idee des Gesetzgebers hinter dieser Vorschrift ist es, die schwächere oder unerfahrenere Vertragspartei davor zu schützen, „über den Tisch gezogen zu werden". Leider greift dieser Schutz aber auch dann, wenn er eigentlich gar nicht notwendig oder sogar nicht gewünscht ist, wie dies bei Projektverträgen häufig der Fall sein wird. Gerade die Bestimmung, dass von wesentlichen Grundgedanken der gesetzlichen Regelung nicht abgewichen werden darf, verhindert auch bei Projektverträgen ein „Herausspringen" aus dem „eigentlich" vorliegenden Vertragstyp. Das bereits dargestellte Problem: Es gibt im BGB keinen Vertragstyp „Projektvertrag" und damit keine wirklich passende gesetzliche Vorgabe. Die Anwendung der nicht passenden Begriffe des BGB macht damit den Ausgang einer möglicherweise gerichtlich zu klärenden Konfliktsituation zum Glücksspiel.

Im Regelfall sollte also vermieden werden, dass in einem Projektvertrag AGB gesehen werden können. Das gilt übrigens auch für die vermeintlich „schwächere" Partei, die durch die AGB-rechtlichen Regelungen ja eigentlich geschützt werden soll. Denn in der Praxis des Projektvertrages wird aus dem vermeintlichen Schutz, den die Regeln bieten, doch nur Rechtsunsicherheit. Es bleibt dann unklar, was eigentlich gelten soll. Unsicherheit über den geltenden Rechtsrahmen baut in ein Projekt das Scheitern aber schon fast ein.

Die Lösung besteht darin, dass der Projektvertrag wirklich im Detail ausgehandelt werden muss. Es wird also primär am AGB-Merkmal des „Stellens der Bedingungen" gearbeitet. Dieses Verhandeln im Detail muss aber auch dokumentiert und gegebenenfalls nachgewiesen werden. Das wird dann gelingen, wenn schon die Vertragsdokumente oder die begleitende Korrespondenz für ein Verhandeln sprechen. Hierfür sind vor allem Streichungen, Ergänzungen und Änderungen am Vertragstext ein Hinweis.

Tipp: Sehr empfehlenswert ist es, jede Verhandlung, die stattgefunden hat, durch Protokolle in Verlauf und Ergebnis festzuhalten und diese entweder von beiden Parteien unterzeichnen zu lassen oder wenigstens der anderen Partei zu übersenden.

---

3 Den Vertrag verhandeln und entwerfen

3.0 Werden Sie sich darüber klar, was Sie wollen

Grundlage und Ausgangspunkt der Verhandlung eines Projektvertrages ist die zu erbringende Leistung. Im Idealfall kennt der Kunde die fachlichen Anforderungen an die Projektleistung sehr genau und kann ein (mehr oder weniger fertiges) Pflichtenheft bereits zur Grundlage von Ausschreibung und Verhandlung machen. Häufig wird aber nur ein Anforderungskatalog vorliegen.

Diese Orientierung an der Leistung erscheint selbstverständlich und dennoch wird erstaunlich häufig in Projektverhandlungen „ins Blaue hinein" über Vertragstexte und juristische Klauseln verhandelt. Man beginnt viel zu früh über völlig abstrakte Fragen zu reden. Wie hoch soll der Preis sein? Wie ist die Haftung ausgestaltet? In welchem Umfang wird Gewährleistung gegeben? Das sind wichtige Punkte, aber alle kaufmännischen und juristischen Feinheiten machen erst im Kontext einer bestimmten Leistung Sinn. Zäumt man das Pferd von hinten auf, führt dies fast zwangsläufig dazu, dass etwa ein optisch niedrigerer Preis verhandelt wird, bzw. in der Ausschreibung der Anbieter mit der „kleinsten Zahl" gewinnt, im Nachgang dann aber viele Arbeiten gesondert berechnet werden. Der Planungssicherheit ist das wenig zuträglich; vielen Projekten wird das spätere (kostenseitige) Scheitern schon hier gleichsam in die Wiege gelegt.

Dabei soll nicht vergessen werden, dass es Fälle gibt, in denen bei Beginn des Projekts noch nicht einmal ansatzweise feststeht, was wenigstens grober Inhalt der Leistungsbeschreibung ist. Oft ist ja die Erstellung des Lastenhefts, manchmal auch schon des Pflichtenheftes gerade Teil des Projektes. Hier behilft man sich mit mehrstufigen Verträgen, die nachgehend besprochen werden. Auch dafür müssen aber wenigstens die Projektziele bekannt sein.

Ist das Gewollte allerdings nur so schemenhaft erkennbar, dass die Frage nach dem Gewollten aus der Sicht des Auftraggebers richtigerweise nicht „Was will ich?" heißt, sondern „Was soll ich wollen?", bietet es sich an, bevor ein Projekt beauftragt wird, erst einmal Beratung in Anspruch zu nehmen, eine Projektstudie oder die Erarbeitung eines Anforderungskatalogs zu beauftragen. Und das in der Regel nicht von Unternehmen, die später für die Umsetzung in Fragen kommen: Die Beratung verkommt sonst zu leicht zum Verkaufsgespräch.

3.1 Verhandeln Sie fair

Gerade bei Verhandlungen zwischen wirtschaftlich unterschiedlich potenten Unternehmen wird häufig vergessen, dass man es mit einem Partner, nicht einem Gegner zu tun hat. Ein Projekt lebt davon, dass beide Seiten genügend „Luft zum Atmen" haben und Chancen und Risiken des Vertrages gerecht verteilt sind. Ein Gebot nicht nur der Fairness, sondern auch der wirtschaftlichen Vernunft ist es zu erkennen, wann eine bestimmte Regelung oder Vorgabe für eine der Vertragsparteien inakzeptabel ist und hier entweder einen Kompromiss einzugehen oder – eleganter – eine Ausweichvariante zu finden.

Beispiele für wenig akzeptable Regeln finden sich häufig im Haftungsbereich. Wenn eine der Parteien an einem Projektvertrag nur einige zehntausend Euro verdienen kann, sich gleichzeitig aber aus dem Vertrag – weil es sich etwa um ein Teil eines sehr komplexen Projektes handelt – einem siebenstelligen Haftungsrisiko gegenübersieht, stehen Chance und Risiko in keinem ausgewogenen Verhältnis. Da nutzt es auch wenig, wenn – wie das häufig zu hören ist – der Vertragspartner sich dahingehend einlässt, man habe bisher in Haftungsfällen immer Gnade vor Recht ergehen lassen, denn man habe ja kein Interesse daran, die eigenen Zulieferer in die Insolvenz zu treiben. Eine solche Politik – selbst wenn es sie tatsächlich gibt – kann sich jederzeit ändern und ist kaum gerichtlich verwertbar.

Oft handelt es sich um Forderungen, die allein dem Zweck dienen, die Stärke der eigenen Verhandlungsposition klar zu machen; eine der Parteien kann „es sich einfach leisten", bestimmte Regelungen zu verlangen. Ein solches Verhalten ist aber weder der Motivation noch der späteren Kompromissbereitschaft der anderen Partei in möglichen Krisensituationen dienlich.

Tipp: Ein erfolgreiches Projekt ist wichtiger als die Wahrnehmung von Statusgesichtspunkten.

3.2   Binden Sie die Beteiligten und Betroffenen frühzeitig ein

Bereits in der Phase der Vorbereitung und Planung eines Projekts, der Einholung bzw. Abgabe von Angeboten und Verhandlung des zugehörigen Vertrages sollten innerhalb der eigenen Organisation alle Beteiligten und Betroffenen eingebunden werden. Das hat zwei Auswirkungen: Zum einen geht es natürlich darum, das Wissen und die Erfahrung möglichst aller Beteiligten in das Projekt einzubringen. Vor allem aber muss für das Projekt auch intern geworben, Akzeptanz geschaffen werden. Denn Erfolg und späterer praktischer Nutzen des Projektergebnisses stehen und fallen mit dieser Frage: Ungeliebte oder einfach nur als nicht sinnvoll wahrgenommene Projekte werden sehr viel eher scheitern, also solche, die mit Nachdruck und Enthusiasmus verfolgt werden.

3.3   Schreiben Sie (!) den Vertragsentwurf

Im Laufe der Verhandlungen kommt früher oder später der Punkt, an dem ein Verhandlungsentwurf des Textes erstellt werden muss. Es stellt sich die Frage, welche der Parteien hier tätig wird.

Da kein Projekt dem anderen gleicht, kann in aller Regel kein Standardvertrag verwendet werden, sondern ein Text muss neu erstellt oder jedenfalls ein vorhandenes Muster umfassend überarbeitet werden. Das ist zeit- und kostenintensiv. Deshalb wird gern versucht, diese Arbeit auf die jeweils andere Partei abzuwälzen. Es scheint einfacher, auf einen Vorschlag der Gegenseite zu warten und ggf. eigene Positionen und Interessen in diesen einzuarbeiten.

Das ist höchst fahrlässig. Die Vertragshoheit ist das wertvollste Gut, dass im Rahmen von Verhandlungen „erobert" werden kann. Sie schafft einen gar nicht zu überschätzenden strategischen Vorteil. Wer den Vertrag entwerfen kann, der hat es – soviel ist offensichtlich – in der Hand, seine eigenen Vorstellungen im Text zu verankern. Das heißt gar nicht, dass der Entwurf unfair oder einseitig verfasst wird oder gar bereits abgesprochene Punkte falsch umsetzt. Aber natürlich wird man an den Stellen, an denen noch nichts explizit besprochen ist, doch eher die Weichen zu den eigenen Gunsten stellen.

Das Gegenüber, der Empfänger des nunmehr in die Welt gesetzten Entwurfes, ist in einer psychologisch schwierigen Lage. Der Text nämlich steht erst einmal. Jeder Änderungswunsch kommt einem „Abverhandeln" gleich, und das muss in aller Regel mit Zugeständnissen an anderer Stelle kompensiert werden. Anders gesagt: Wer den Vertrag schreibt hat es in der Hand, Zugeständnisse allein dafür zu fordern, dass ein Dokument geändert wird, ohne dass er in der Sache etwas zugeben zu muss.

Abseits eines kleinen Kompromisses hier oder da hat es die Partei mit der Formulierungshoheit aber vor allem in der Hand, ein Gedankengebäude zu errichten, eine Philosophie im Vertrag niederzulegen; Regeln zu definieren, die so aufeinander aufbauen, dass – wenn auch hier und da eine Zahl geändert wird – doch das grundsätzliche System erhalten bleibt. Die vertraglichen Abläufe können in die eigenen Strukturen eingepasst werden, nahtlos an intern etablierte Prozesse anknüpfen. Diese vertragliche Grundausrichtung umzuwerfen geht meist nicht, ohne den Text gleich neu zu verfassen. Gerade diese Mühe macht man sich in aller Regel aber nicht, wenn ein halbwegs funktionaler Entwurf bereits auf dem Tisch liegt.

Selbst nach den teuer erkauften Änderungen der Gegenseite bleibt daher meist ein Text bestehen, der in seiner Essenz doch die Vorstellungen der Partei darstellt, die ihn verfasst hat. Der Vertrag trägt ihre Handschrift, folgt ihrem System, ihren Vorstellungen; er ist ihr geistiges Kind.

Tipp: Die Vorteile der Formulierungshoheit wiegen den erforderlichen Aufwand an Geld und Zeit mehrfach auf. Wer gut beraten ist, der fügt sich daher nicht nur in die Rolle dessen, der den Vertragstext verfasst, er sucht sie vielmehr aktiv.

3.4   Vermeiden Sie Sampling

Um Geld und vor allem Zeit zu sparen, werden in der Praxis häufig für ganz unterschiedliche Projekte immer dieselben Vertragsvorlagen verwendet oder es wird aus mehreren Verträgen ein Projektvertrag „gesampled". Das macht auch Sinn, wenn die Sachverhalte des alten und des neuen Projekts sich tatsächlich entsprechen. In aller Regel ist aber gerade das nicht der Fall.

Mit einem unpassenden Vertragstext begibt man sich aber in einen juristischen Blindflug. Vor Gericht enden Streitigkeiten über solche Verträge dann häufig in der Frage, was die Parteien denn mit der einen oder anderen (völlig unpassenden) Regelung meinten bzw. – noch besser – was sie denn, hätten sie den Punkt nicht schlicht übersehen, sachgerecht wohl gemeint hätten. Meist kann man das Ergebnis solcher Fragestellungen auswürfeln.

Auf die Gefahr, dass bei der Wiederverwendung von Vertragstexten oder auch einzelner

Klauseln daraus der entstehende Vertragstext der Gefahr unterliegt, AGB-rechtlichen Regelungen zu unterfallen, wurde oben unter Punkt 2.4 bereits hingewiesen.

3.5 Seien Sie genau

Oben hatten wir festgestellt, dass Verträge nicht nur „halten müssen", wenn das Projekt schiefläuft, sondern dass es sogar primärer Zweck eines Vertrages ist, dieses Schieflaufen zu verhindern. Das aber kann der Text nur dann, wenn die Rechte und Pflichten der Parteien und alle notwendigen Verfahren so genau geregelt sind, dass zu jedem Zeitpunkt und in jeder Lage genau gesagt werden kann, was nun zu tun ist. In aller Regel scheitern Projekte nicht daran, dass die Parteien ihre Pflichten von Anfang an nicht erfüllen wollen: Im Gegenteil, jeder ist guten Willens. Vielmehr ist es häufig so, dass eine Partei durchaus der Meinung ist, ihren Teil bereits getan zu haben, die andere Partei aber nicht dieser Ansicht ist. Wenn ein Projekt aber erst einmal in eine Situation der Konfrontation und gegenseitigen Schuldzuweisungen („Naming and Blaming") eingetreten ist, dann ist es kaum noch zu retten.

3.6 Sprechen Sie heikle Punkte frühzeitig an

Dieser Punkt ergänzt das oben Gesagte. Wenn bereits im Vorfeld Umstände abzusehen sind, die das Projekt gefährden könnten, dann sollte dies auch von Anfang an klar kommuniziert und geregelt werden. Zu Beginn des Projektes kann man noch unbefangen über solche Fragen reden. Wenn dagegen in der Durchführung bereits Verzögerungen ein- und Irritationen aufgetreten sind, dann ist dies oft nicht mehr möglich.

An diese Stelle gehört auch der Hinweis, in Verträgen keine Punkte zu „verstecken", die explizit dazu gedacht sind, die andere Partei zu übervorteilen. Vermeiden Sie also den oft zu hörenden Hinweis an den juristischen Berater, er möge doch den Text so verfassen, dass er „gut klingt", aber in der Sache nur eine inakzeptable Zumutung versteckt. Integrität und Ehrlichkeit sind die Basis für Vertrauen und Kooperation.

Bsp:	A und B vereinbaren eine Kooperation, um gemeinsam an einer öffentlichen Ausschreibung teilzunehmen. Im Rahmen des gemeinsamen Vorhabens werden gegenseitig (auch nachvertraglich wirksame) Lizenzen zur Nutzung des eingebrachten Knowhows, von Gebrauchs- und Geschmacksmustern etc. erteilt. B „versteckt" im Vertrag ein Sonderkündigungsrecht für den Fall, dass ein – unverzichtbarer – Zulieferer C die Belieferung der Kooperation ablehnt, denn dann kann ja der ggf. erteilte Auftrag nicht durchgeführt werden.
	So kommt es auch. C liefert nicht und B kündigt daraufhin. Sonderbarerweise beteiligt sich B im Nachgang aber allein an der Ausschreibung und gewinnt diese auch. C beliefert B.
	Hier darf sich A fragen, ob B und C nicht gemeinsame Sache gemacht haben, um erforderliches Knowhow und Lizenzen von A zu erlangen und ihn dann auszubooten. Unnötig zu erwähnen, dass A versuchen wird, die Zusammenarbeit zwischen B und C so gut wie möglich zu stören.

3.7 Wahren Sie die Integrität des Vertrages

Eine gerade bei Großunternehmen weit verbreitete Unsitte ist es, mit Lieferanten erst Projektverträge zu verhandeln, im Nachgang aber – natürlich nur „für die Controller" – noch die Unterzeichnung eines Auftrags, einer Purchase Order oder Bestellung zu verlangen. Teil dieses Dokuments sind dann meist wieder Liefer-, Zahlungs- und sonstige Bedingungen, die nicht im Geringsten auf den verhandelten Vertrag abgestimmt sind. Dass es wenig Sinn macht, erst eine Regelung zu vereinbaren, um dann später eine völlig andere Regelung zu unterschreiben, bedarf keiner weiteren Ausführung. Analog gilt das Gesagte für jede Form von AGB, die in Projektverträgen in aller Regel nichts zu suchen haben, es sei denn, sie sind explizit als Grundlage für gerade solche Verträge entworfen.

3.8 Vermeiden Sie undurchführbare Regelungen

Erstaunlich häufig finden sich in Projektverträgen undurchführbare Regelungen. Meist werden diese im Hinblick auf firmeninterne Richtlinien, das Controlling, besondere Empfindlichkeiten des Managements oder ähnlich sachfremde Gründe aufgenommen. Augenzwinkernd sind sich die Parteien einig, dass man „es so natürlich nicht meint". Augenzwinkern aber lässt sich – wenn es schiefläuft – in einem gerichtlichen Verfahren kaum verwerten.

Bsp: Die Parteien verhandeln über die Erstellung einer Internet-Portalseite, über die Nutzer auch Nachrichten auf Mobiltelefone versenden können. Der Kunde besteht auf der Klausel, dass der Dienstleister sicherstellen muss, dass dies nur geschehen kann (!), wenn der Versender die Gestattung des Empfängers zum Versand der Nachrichten hat und diese keinen kommerziellen Inhalt haben. Den Parteien ist klar, dass dies in der Praxis (ohne untragbaren Aufwand) nicht möglich ist. Die Regelung soll vielmehr dem Kunden als Exkulpationsmöglichkeit dienen, falls er von Empfängern der Nachrichten, die diese nicht wünschten, etwa aus Störerhaftung auf Unterlassung in Anspruch genommen wird.

---

4 Der Mustertext – Lesefassung

Projektvertrag
zwischen
Kunde **Rechtsform**
vertreten durch **Name**, **Position im Unternehmen**
Straße
Ort
Handelsregister-Nr., **Registergericht**
- nachfolgend „Kunde" genannt -

und

Dienstleister **Rechtsform**
vertreten durch **Name**, **Position im Unternehmen**
StraßeOrt
Handelsregister-Nr., **Registergericht**
- nachfolgend „Dienstleister" genannt -

1. Präambel

Der Kunde betreibt unter der Domain **http://www.namederseite.de** eine Portalseite im Internet. Unter der angegebenen Domain sind für die Nutzer der Seite des Kunden verschiedene Dienste verfügbar, insbesondere **überblicksartige Aufzählung**.

Der Kunde beabsichtigt, die Seite einem kompletten Neudesign zu unterziehen. Dies betrifft sowohl das Aussehen der Seite und die für den Nutzer verfügbaren Dienste als auch die Administration der Seite und die Pflegbarkeit der verfügbaren Inhalte durch den Kunden.

Der Dienstleister vertreibt das Portalsystem **Name**, ein Content Management System, das den jeweiligen Betreiber in die Lage versetzt, Portalseiten zu betreiben, die zugehörigen Inhalte zu verwalten und zugehörige Dienste zur Verfügung zu stellen. Dieses Portalsystem passt der Dienstleister zur Abbildung individueller Anforderungen speziell an die Bedürfnisse des Kunden an.

Der Kunde hat zur Spezifikation der Anforderungen an die neue Portalseite ein Lastenheft erstellt. Dieses liegt dem Dienstleister vor und diesem Vertrag als **Anlage 1** bei. Das Portalsystem des Dienstleisters ist – nach Anpassung – grundsätzlich in der Lage, diese Anforderungen umzusetzen.

Das Portalsystem ist bereits bei mehreren Unternehmen erfolgreich im Einsatz, so etwa bei den Referenzkunden des Dienstleisters **Aufzählung**. Der Kunde hatte Gelegenheit, diese Referenzkunden nach deren Erfahrungen beim Einsatz des Portalsystems zu befragen. Dies verlief zur Zufriedenheit des Kunden.

Die Parteien vereinbaren deshalb wie folgt:

2. Begriffsbestimmungen

Die nachfolgenden Begriffe werden im Rahmen dieser Vereinbarung in der definierten Weise verstanden.

- „Kundenseite": meint die vom Kunden betriebene Seite unter der Domain **http://www.namederseite.de**.
- „System": Das auf die Bedürfnisse des Kunden abgestimmte Portalsystem einschließlich der kundenspezifischen Anpassungen nebst Benutzungsanleitung und Dokumentation.
- „Software": meint nur den Software-Teil des Systems, d.h. nicht Dokumentation, Anleitungen etc.
- „Standard-Software": meint nur den standardisierten Teil der Software des Portalsystems, d.h. ausschließlich kundenspezifischer Anpassungen.
- „Frontend": meint den für den Nutzer der Kundenseite sichtbaren Teil des Systems, welcher der Eingabe und Anzeige von Daten dient. Insbesondere betrifft dies die für den Nutzer sichtbare Anordnung von Text- und Grafikelementen.
- „Portalsystem": meint das beim Dienstleister vorhandene, aus Standardkomponenten bestehende Content Manangement System einschließlich Software, Dokumentation, Benutzungsanleitungen und Design-Vorlagen.

3. Vertragsgegenstand

Gegenstand des Vertrages sind die Rechte und Pflichten der Parteien im Zusammenhang mit der Lieferung und Einführung des Systems, basierend auf dem Portalsystem, das kundenspezifisch angepasst wird. Dies beinhaltet insbesondere die:

- Erstellung des Pflichtenheftes;
- Umsetzung des Pflichtenheftes;
- abnahmefähige Implementierung des Systems;
- Einführung des Systems;
- Ersteinweisung des Kunden in die Nutzung des Systems sowie
- die Gegenleistungen durch den Kunden.

4. Projektorganisation

4.1   Projektleiter

Die Vertragsparteien benennen jeweils einen verantwortlichen, für seine Aufgabe qualifizierten Projektleiter sowie dessen Stellvertreter. Die Bennennung erfolgt in **Anlage 2**.

Für Zeiten der Abwesenheit (Urlaub, Krankheit, Verhinderung aus anderen wesentlichen Gründen) des Projektleiters und dessen Stellvertreters sind unverzüglich ebenso qualifizierte Ersatzpersonen zu benennen.

Veränderungen in den benannten Personen haben die Parteien sich unverzüglich unter Angabe der zur Änderung führenden Gründe mitzuteilen. Bis zum Zugang einer solchen Mitteilung gelten die zuvor benannten Projektleiter und Stellvertreter als berechtigt, im Rahmen ihrer bisherigen Vertretungsmacht (Ziffer 4.2)

Erklärungen abzugeben und entgegenzunehmen.

Soweit ein Projektleiter oder dessen Stellvertreter nicht ausreichend qualifiziert oder erfahren ist, kann die jeweils andere Partei verlangen, dass er ausgetauscht wird.

4.2 Rechte, Vertretungsmacht

Die Projektleiter und Stellvertreter sind berechtigt, Erklärungen im Zusammenhang mit der Vertragsdurchführung für die jeweilige Partei, von der sie benannt sind, verbindlich abzugeben und entgegenzunehmen.

4.3 Projektsitzungen, Protokolle

Unter Beteiligung der Projektleiter bzw. Stellvertreter beider Parteien sowie ggf. je nach zu erörterndem Thema weiterer am Projekt beteiligter Personen werden in jeder Projektphase auf Anforderung einer Partei bei Zweckdienlichkeit mit einer Einberufungsfrist von mindestens drei (3) Arbeitstagen, mindestens aber 14-tägig, Projektsitzungen durchgeführt.

Über jede Projektsitzung ist vom Dienstleister ein Protokoll anzufertigen und innerhalb von drei (3) Arbeitstagen nach der betreffenden Projektsitzung an den Kunden zur Genehmigung zu übermitteln. Soweit der Kunde nicht innerhalb von drei (3) Arbeitstagen nach Zugang eines Protokolls detailliert schriftlich widerspricht, gilt dieses als genehmigt.

Mit Genehmigung werden die im Protokoll festgehaltenen Absprachen verbindlich.

5. Projektphasen und Leistungen

5.1 Überblick

Die Leistungserbringung gliedert sich in die Planungsphase und in die Realisierungsphase.

Ziel der Planungsphase ist es, auf Grundlage des Lastenhefts ein Pflichtenheft bezüglich der in der Realisierungsphase zu erbringenden Leistungen zu erstellen.

Ziel der Realisierungsphase ist es, das in der Planungsphase erstelle Pflichtenheft umzusetzen.

5.2 Planungsphase

Auf Basis des vom Kunden vorgegebenen Lastenhefts wird der Dienstleister innerhalb von sechs (6) Wochen nach Vertragsschluss ein Pflichtenheft nebst Realisierungs-Zeitplan erstellen.

Das Pflichtenheft ist durch den Kunden abzunehmen (vgl. Punkt 8) und wird nachfolgend als **Anlage 3** dem Vertrag als integraler Bestandteil beigefügt.

5.3 Realisierungsphase

Nach Abnahme des Pflichtenhefts folgt die Entwicklung, Anpassung und Implementierung des im Pflichtenheft in **Anlage 3** beschriebenen Systems.

6. Nutzungsrechte, Lieferungen

6.1 Umfang des Nutzungsrechts

Dem Kunden wird ein ausschließliches, zeitlich und räumlich unbeschränktes, sachlich auf die vertraglichen Zwecke beschränktes Nutzungsrecht für den kundenspezifischen Teil des Systems eingeräumt. Das umfasst insbesondere das gesamte Frontend.

Am weiteren System wird dem Kunden ein einfaches, zeitlich und räumlich unbeschränktes, sachlich auf die vertraglichen Zwecke beschränktes Nutzungsrecht für das System eingeräumt.

6.2   Vorbehaltene Handlungen

Das Recht zur Weiterentwicklung oder sonstigen Bearbeitung wird dem Kunden für die kundenspezifischen Anpassungen des Systems eingeräumt, im Übrigen bleibt das Recht vorbehalten.

Eine Gebrauchsüberlassung des Systems an Dritte im Wege der Vermietung, des Verleihs o.ä. ist unzulässig. Gleiches gilt für die Einräumung weiterer Nutzungsrechte (Sub-Lizenzierung).

Die Rückübersetzung der Standard-Software in andere Code-Formen (Dekompilierung) sowie sonstige Arten der Rückerschließung der verschiedenen Herstellungsstufen (Reverse-Engineering) sind, soweit nicht die Voraussetzungen des § 69e UrhG vorliegen, unzulässig.

6.3   Art der Lieferung

Die Standard-Software wird dem Kunden im Objekt-, sonstige Software im Quell-Code geliefert. Die nachfolgend beschriebenen Rechte beziehen sich jeweils auf die geschuldete Code-Form.

6.4   Urhebernennung und ähnliches

Urhebervermerke, Seriennummern sowie sonstige der Programmidentifikation dienende Merkmale dürfen nicht entfernt oder verändert werden.

Der Kunde ist verpflichtet, den Dienstleister für die Nutzer des Frontends der Kundenseite sichtbar zu benennen. Die Einzelheiten regelt **Anlage 4**.

6.5   Updates, Upgrades etc.

Überlässt der Dienstleister dem Kunden im Rahmen von Nacherfüllung oder Pflege (im Rahmen eines gesonderten Vertrages) Ergänzungen (z.B. Patches, Workarounds) oder eine Neuauflage des Systems oder von Teilen davon (z.B. Updates, Upgrades), unterliegen diese den Bestimmungen dieser Vereinbarung, sofern keine andere Vereinbarung hierzu getroffen wird.

7. Mitwirkung, Beistellungen

Die Parteien sind sich einig, dass der Erfolg dieses Vertrages wesentlich von der Mitwirkung des Kunden abhängt. Sämtliche Mitwirkungsleistungen und Beistellungen werden durch den Kunden daher als Hauptleistungspflichten erbracht.

Der Kunde wird die in **Anlage 5** festgelegten und sonstigen erforderlichen und zweckdienlichen Mitwirkungsleistungen und Beistellung ordnungsgemäß erbringen. Soweit weitere erforderliche oder zweckdienliche Mitwirkungsleistungen und Beistellungen nach Ansicht vom Dienstleister benötigt werden, wird der Dienstleister diese jeweils vom Kunden schriftlich oder in den Projektsitzungen anfordern.

Die Mitwirkungsleistungen umfassen insbesondere:

• Alle benötigten oder zweckdienlichen angeforderten Unterlagen und Informationen sind vollständig vorzulegen.

- Der Kunde wird dafür Sorge tragen, dass sachkundige Auskunftspersonen kurzfristig verfügbar sind und die benötigten oder zweckdienlichen Auskünfte vollständig erteilt werden.
- Entscheidungen über projektrelevante Fragen sind rechtzeitig und bedarfsgerecht herbeizuführen.
- Der Kunde wird dem Dienstleister Arbeits- und Besprechungsräume, benötigte Arbeitmittel sowie Zugang zu gängigen Kommunikationsmitteln (Telefon, Fax und Internet) bereitstellen.
- Zur Installation der Software ist der Kunde verpflichtet, die hierfür benötigte Hardware gemäß **Anlage 6** bereitzustellen und gegebenenfalls für den benötigten Zeitraum andere Arbeiten mit der Computer-Anlage einzustellen.
- Auf Wunsch des Dienstleisters gestattet der Kunde dem Dienstleister den Zugriff auf die Software mittels Telekommunikation. Die hierfür erforderlichen Verbindungen stellt der Kunde nach Anweisung des Dienstleisters her.

Mitwirkungsleisten und Beistellungen des Kunden erfolgen kostenfrei für den Dienstleister. Kann der Dienstleister Leistungen wegen fehlender Mitwirkungsleistungen oder Beistellungen nicht oder nur mit Mehraufwendungen erbringen, ist der Dienstleister berechtigt, hierdurch notwendige Mehraufwendungen gegenüber dem Kunden geltend zu machen.

8. Ersteinweisung

Nach Implementierung des Systems wird der Dienstleister bis zu fünf (5) Mitarbeiter des Kunden in die Benutzung des Systems einweisen. Die Einweisung erfolgt in den Geschäftsräumen des Kunden und umfasst maximal dreißig (30) Zeitstunden. Auf Wunsch des Kunden wird der Dienstleister die Einweisung wiederholen oder intensivieren. Die zusätzliche Einweisungszeit ist gesondert nach Zeitaufwand zu vergüten.

9. Abnahme der Leistungen

9.1 Planungsphase

Nach Abschluss der Planungsphase erfolgt die Abnahme des Pflichtenhefts durch den Kunden. Der Kunde prüft dabei auf Anwenderebene die Vollständigkeit und Durchführbarkeit.

9.2 Ausführungsphase

Die Abnahme des Systems erfolgt nach dessen Implementierung auf der Hardware des Kunden, der Lieferung der zum System gehörenden Dokumentation sowie der Ersteinweisung, unabhängig von der produktiven Datenübernahme durch den Kunden.

9.3 Abnahmekriterien

Der Kunde ist zur Abnahme verpflichtet, wenn das System vertragsgemäß geliefert, angepasst und implementiert wurde. Die Abnahme ist durch den Kunden schriftlich zu erklären.

Die Abnahme darf nicht wegen unerheblicher Mängel verweigert werden. Gegebenenfalls festgestellte kleinere Mängel sind in der Abnahmeerklärung festzuhalten.

Die Abnahmetests im Einzelnen sind in der **Anlage 7** definiert. Auf Verlangen des Kunden ist für einen Abnahmetest vom Kunden bereitgestellter Test-Content zu verwenden sowie bestimmte Arten zusätzlicher Tests durchzuführen, die der Kunde für notwendig halten darf, um das Programm praxisnah zu prüfen.

9.4 Fristsetzung

Nimmt der Kunde eine Leistung nicht ab, obwohl er dazu verpflichtet ist, kann der Dienstleister eine angemessene Frist von mindestens zwanzig (20) Werktagen setzen, nach deren Ablauf die Leistung als abgenommen gilt. Der Dienstleister wird den Kunden auf diese Rechtsfolge bei Fristsetzung hinweisen.

10. Leistungszeiten, Termine

10.1 Leistungszeiten

Der Dienstleister wird die Leistungen innerhalb der in Ziffer 5.2 (Planungsphase) und der **Anlage 3** (Umsetzungsphase) dieses Vertrages vereinbarten Zeiten erbringen. Der Kunde wird Mitwirkungsleistungen und Beistellungen entsprechend der Vereinbarungen dieses Vertrages erbringen.

10.2 Leistungsverzögerungen

Leistungsverzögerungen aufgrund von Umständen im Verantwortungsbereich des Kunden (z.B. nicht rechtzeitige Erbringung von Mitwirkungsleistungen) und höherer Gewalt (z. B. Streik, Aussperrung, allgemeine Störungen der Telekommunikation) hat der Dienstleister nicht zu vertreten. Sie berechtigen den Dienstleister, das Erbringen der betreffenden Leistungen um die Dauer der Behinderung zzgl. einer angemessenen Anlaufzeit hinauszuschieben. Der Dienstleister wird dem Kunden Leistungsverzögerungen unverzüglich anzeigen.

10.3 Nachfristen

Setzt die Geltendmachung von Rechten des Kunden die Setzung einer angemessenen Nachfrist voraus, so beträgt diese mindestens zwei (2) Wochen.

11. Änderung der Leistung, Erweiterung des Leistungsumfangs

Beide Parteien sind nach Maßgabe nachfolgender Bestimmungen jederzeit dazu berechtigt, Änderungen der Ergänzungen des Leistungsumfanges des vorliegenden Vertrages zu verlangen. Es gilt das nachfolgend beschriebene Verfahren. Zuständig sind die jeweiligen Projektleiter.

11.1 Änderungsverlangen durch den Kunden

Ein Änderungsverlangen durch den Kunden stellt ein Angebot an den Dienstleister zur Prüfung der Durchführbarkeit der Änderung und der Auswirkungen der Änderungen auf den Gesamtvertrag dar.

Der Dienstleister wird die gewünschte Änderung im vorgenannten Sinn prüfen und den Kunden nach Abschluss der Prüfung schriftlich über das Ergebnis unterrichten.

Der Dienstleister wird den Kunden ebenfalls darüber informieren, ob durch die angeforderte Änderung der Leistungsinhalte solche Leistungen, die bis zur Einigung über ein Änderungsangebot erbracht werden, bei Realisierung der Änderungen noch wirtschaftlich sinnvoll genutzt werden können.

Ist das Änderungsverlangen umsetzbar und wünscht der Kunden in Ansehung der Berichte nach vorstehenden Absätzen die Änderung, wird der Dienstleister die Realisierung in einem Änderungsangebot unter Darstellung der Auswirkungen auf die Vergütung, die Leistungsinhalte und den Zeitplan schriftlich anbieten.

Die Prüfung des Änderungsverlangens und die Erstellung des Änderungsangebotes ist dem Dienstleister nach dessen üblichen Stundensätzen zu vergüten. Ist oder wird absehbar, dass der erforderliche Aufwand jeweils fünf (5) Stunden übersteigt, so teilt der Dienstleister dies dem Kunden unverzüglich mit.

Leistungsfristen verlängern sich um die zur Prüfung des Änderungsverlangens und die Erstellung des Änderungsangebots erforderlichen Zeiten.

11.2 Änderungsverlangen durch den Dienstleister

Erkennt der Dienstleister, dass vereinbarte Leistungen ganz oder teilweise nicht realisierbar sind oder nicht zum vertraglichen Erfolg führen, wird der Dienstleister dies dem Kunden schriftlich mitteilen. Der Dienstleister wird unverzüglich, spätestens eine Woche nach Mitteilung der Änderungsnotwendigkeit, Realisierungsalternativen einschließlich der Auswirkungen auf das Gesamtvorhaben schriftlich mitteilen. Vorstehender Absatz (Punkt 11.1) gilt im Übrigen entsprechend.

11.3 Änderungsangebot

Der Kunde kann bis zur Einigung über ein Änderungsverlangen die teilweise oder vollständige Unterbrechung der Leistungserbringung fordern. Leistungsfristen verlängern sich um die Anzahl an Werktagen, an denen der Dienstleister die Leistungserbringung auf Verlangen des Kunden unterbricht.

Sofern das Änderungsverlangen nicht auf Umstände zurückgeht, die der Dienstleister zu vertreten hat, sind dem Dienstleister bei Unterbrechung der Leistungserbringung Vorhaltekosten für das eingesetzte Personal i.H. von 75% des üblichen Stundensatzes zu ersetzen.

Wird über ein Änderungsangebot keine Einigung erzielt oder ist ein Änderungswunsch des Kunden für den Dienstleister nicht umsetzbar, so wird der Vertag wie ursprünglich vereinbart fortgesetzt. Ist dies nicht möglich, weil die Leistungen ohne Änderungen ganz oder teilweise nicht realisierbar sind oder nicht zum vertraglichen Erfolg führen, stehen den Parteien die gesetzlichen Rechte zu.

12. Vergütung und Zahlungsbedingungen, Aufrechnung, Zurückbehaltung

12.1 Grundsatz

Der Kunde vergütet dem Dienstleister die Leistungen nach aufgewendeter Zeit und eingesetztem Material (Time and Material), wobei der Zeitaufwand, wenn nicht anders vereinbart, gemäß den vereinbarten Stunden- oder Tagessätzen vergütet wird. Die Einzelheiten, insbesondere die Stunden- oder Tagessätze und weitere Vereinbarungen, ergeben sich aus **Anlage 8**.

12.2 Umsatzsteuer

Alle Preise verstehen sich zuzüglich der jeweils geltenden gesetzlichen Umsatzsteuer.

12.3 Zahlungsbedingungen

Soweit nichts anderes ausdrücklich vereinbart wurde, sind sämtliche Vergütungen und Nebenkosten ohne Abzüge innerhalb von vierzehn (14) Tagen (Eingang auf dem Konto des Dienstleisters) nach Datum der Rechnung per Überweisung auf das in der Rechnung angegebene Konto zu leisten.

12.4 Aufrechung und Zurückbehaltung

Die Aufrechnung mit Gegenforderungen ist nur zulässig, soweit diese unbestritten oder rechtskräftig festgestellt sind. Zudem kann der Kunde mit einer Gegenforderung aufrechnen, die an die Stelle eines dem Kunden zustehenden Zurückbehaltungsrechts aus diesem Vertragsverhältnis getreten ist.

Der Kunde kann ein ihm zustehendes Zurückbehaltungsrecht wegen unbestrittener oder rechtskräftig festgestellter Ansprüche ausüben. Ein Zurückbehaltungsrecht kann der Kunde gegen Ansprüche des Dienstleisters nur mit Ansprüchen und Rechten aus demselben Vertragsverhältnis geltend machen. Bei Mängeln kann der Kunde ein Zurückbehaltungsrecht zudem nur in Höhe des Dreifachen der zur Beseitigung der Mängel erforderlichen Aufwendungen ausüben.

13. Ansprüche und Rechte bei Mängeln

13.1 Rüge, Frist

Mängel sind spätestens innerhalb von zwei (2) Wochen nach deren Feststellung schriftlich gegenüber dem Dienstleister zu rügen. Die Mängelrüge muss dabei eine im Rahmen des Zumutbaren detaillierte Beschreibung der Mängel (insbesondere Beschreibung der aufgetretenen Funktionsfehler etc.) enthalten. Bei Verletzung vorstehender Rügeobliegenheit gilt die betreffende Lieferung oder Leistung in Ansehung des betreffenden Mangels als genehmigt.

13.2 Art und Weise

Ist der Dienstleister aufgrund von Mängeln zur Nacherfüllung verpflichtet, kann diese nach Wahl des Dienstleisters im Wege der Mängelbeseitigung oder der Neulieferung bzw. Neuerstellung eines mangelfreien Werks erbracht werden.

Wird die Nacherfüllung im Wege der Mängelbeseitigung vorgenommen, so kann sie - im freien Ermessen des Dienstleisters und bei Verfügbarkeit - auch durch Lieferung und Installation einer neuen Version, eines Updates, Upgrades, Patches oder Releases erfolgen. Ist solches noch nicht verfügbar, wird dies aber in absehbarer Zeit sein, kann der Dienstleister den Kunden für den entsprechenden Zeitraum auf eine Umgehungslösung verweisen, sofern diese dem Kunden zumutbar ist.

Der Kunde wird dem Dienstleister die Suche und Analyse der Mangelursache ermöglichen, dabei angemessen unterstützen und Einsicht in die Unterlagen gewähren, aus denen sich nähere Umstände eines aufgetretenen bzw. behaupteten Mangels ergeben könnten.

Ergibt die Überprüfung einer Mängelrüge, dass kein Anspruch wegen Mängeln besteht, kann der Dienstleister die entstandenen Kosten und Aufwendungen der Überprüfung und Leistungen nach den vereinbarten Stundensätzen ersetzt verlangen.

13.3   Verjährung, Sonstiges

Die Verjährungsfrist für Mängelansprüche beträgt zwei (2) Jahre. Die Verjährungsfrist beginnt mit der Abnahme der jeweils betroffenen Leistung.

Schadensersatz- bzw. Aufwendungsersatzansprüche wegen Mängel sind im Übrigen entsprechend Punkt 14 begrenzt.

14. Haftung

Die Ansprüche des Kunden auf Schadensersatz oder Ersatz vergeblicher Aufwendungen richten sich ohne Rücksicht auf die Rechtsnatur des Anspruchs nach den nachstehenden Klauseln.

Für Schäden aus der Verletzung des Lebens, des Körpers oder der Gesundheit, die auf einer mindestens fahrlässigen, vom Dienstleister zu vertretenden Pflichtverletzung beruhen, haftet der Dienstleister unbeschränkt.

Der Dienstleister haftet weiterhin im Rahmen abgegebener Garantien sowie für Vorsatz und Fahrlässigkeit auch der gesetzlichen Vertreter und Erfüllungsgehilfen des Dienstleisters.

Soweit dem Dienstleister kein Vorsatz anzulasten ist, ist die Haftung jedoch beschränkt auf solche Schäden, mit deren Entstehung im Rahmen dieses Vertrages zum Zeitpunkt des Vertragsschlusses gerechnet werden muss. Die Haftung für die aus diesem Vertrag resultierenden Schäden und Aufwendungen bei leichter Fahrlässigkeit ist über die Regelung in vorstehendem Satz hinaus begrenzt auf einen Höchstbetrag in Höhe von 50.000 Euro.

Eine Haftung des Dienstleisters für einen Verlust oder eine unsachgemäße Änderung von Daten setzt zudem voraus, dass der Kunde mit der gebotenen Häufigkeit und Sorgfalt, jedoch mindestens einmal täglich, eine Datensicherung durchgeführt hat und diese gesicherten Daten zur Wiederherstellung der Daten genutzt werden können. Die Haftung des Dienstleisters ist dabei zusätzlich zu vorstehenden Haftungsbegrenzungen stets auf die Höhe des Aufwandes zur Wiederherstellung der nichtverfügbaren oder unsachgemäß veränderten Daten aus einer ordnungsgemäßen Datensicherung beschränkt.

Die Haftung nach dem Produkthaftungsgesetz bleibt unberührt.

15. Geheimhaltung

Die Vertragsparteien vereinbaren Vertraulichkeit über Inhalt und Konditionen dieses Vertrages, über die bei dessen Abwicklung gewonnenen Erkenntnisse sowie über Geschäftsgeheimnisse und Knowhow der betroffenen Partei, die der jeweils anderen Partei im Rahmen oder bei Gelegenheit der Vertragsdurchführung bekannt werden. Die Vertraulichkeit gilt auch über die Beendigung des Vertragsverhältnisses hinaus.

Wenn eine Vertragspartei dies verlangt, sind die von ihr übergebenen Unterlagen nach Beendigung des Vertragsverhältnisses an sie herauszugeben bzw. Daten zu löschen, soweit die andere Vertragspartei kein berechtigtes Interesse an diesen geltend machen kann.

Der Kunde wird darauf hingewiesen, dass Email ein offenes Medium ist. Der Dienstleister übernimmt keine Haftung für die Vertraulichkeit von Emails. Auf Wunsch des Kunden kann die Kommunikation über andere Medien geführt werden.

16. Referenznennung

Presseerklärungen, Auskünfte etc., in denen eine Vertragspartei auf die andere Bezug nimmt, sind nur nach vorheriger schriftlicher Abstimmung – auch per Email – zulässig. Ungeachtet dessen darf der Dienstleister den Kunden auf seiner Web-Site oder in anderen Medien als Referenzkunden nennen und auf die erbrachten Leistungen im Rahmen der Eigenwerbung hinweisen, es sei denn, der Kunde hat dem Dienstleister ein entgegenstehendes berechtigtes Interesse mitgeteilt.

17. Weitere Kundenprojekte

Der Dienstleister ist frei - auch während der Laufzeit dieses Vertrages - für andere Unternehmen jeglicher Branchen tätig zu werden. Das betrifft insbesondere auch Unternehmen, die in derselben Branche wie der Kunde tätig sind.

Die Bestimmungen dieses Vertrages über die Geheimhaltung (Ziffer 15) bleiben unberührt.

18. Laufzeit und Beendigung

Der Vertrag ist durch den Kunden jederzeit kündbar. Im Fall der Kündigung in der Planungsphase ist der Dienstleister berechtigt, die vereinbarte Vergütung für die Planungsphase zu verlangen, im Fall der Kündigung in der Ausführungsphase die vereinbarte Vergütung auch für die Ausführungsphase. Anzurechen ist jeweils, was der Dienstleister an Aufwendungen erspart oder durch anderweitige Verwendung seiner Arbeitskraft erwirbt oder böswillig zu erwerben unterlässt.

Das Recht beider Vertragsparteien zur Kündigung aus wichtigem Grund bleibt unberührt.

19. Anlagenverzeichnis

Die Anlagen, auf die in diesem Vertrag Bezug genommen wird, sind integraler Bestandteil dieses Vertrages. Zum Vertrag gehören folgenden Anlagen:

Lastenheft .... Anlage 1
Projektleiter und Stellvertreter .... Anlage 2
Pflichtenheft (zu erstellen) .... Anlage 3
Einzelheiten zur Nennung des Dienstleisters .... Anlage 4
Mitwirkungsleistungen / Beistellungen .... Anlage 5
Aufstellung benötigte Hard- und Software .... Anlage 6

20. Schlussbestimmungen

20.1   Abtretung, Subunternehmer, Übertragung

Der Dienstleister ist berechtigt, einzelne Rechte aus dieser Vereinbarung an Dritte abzutreten. Er ist hinsichtlich seiner Pflichten aus dem Vertrag berechtigt, Subunternehmer zu beauftragen. Er ist nicht berechtigt, den Gesamtvertrag als solchen ohne vorherige Zustimmung des Kunden an Dritte zu übertragen.

20.2   Austauschvertrag, Vertretung

Eine gesellschaftsrechtliche Verbindung zwischen den Parteien wird durch diesen Vertrag weder begründet, noch liegt sie ihm zugrunde. Ohne gesonderte schriftliche Vereinbarung ist keine Partei zur Vertretung der anderen berechtigt.

20.3   Gerichtsstand und Vertragsstatut

Auf diesen Vertrag ist ausschließlich deutsches Recht für Inlandsgeschäfte anzuwenden.

Ausschließlicher Gerichtsstand für alle Streitigkeiten aus diesem Vertrag ist der Sitz des Kunden. Zwingende gesetzliche Gerichtsstände nach deutschem Recht bleiben unberührt.

20.4   Vollständigkeit, keine Nebenabreden

Dieser Vertrag stellt die gesamte Vereinbarung zwischen den Parteien bezüglich des vorliegenden Vertragsgegenstands dar und ersetzt alle vorhergehenden mündlichen oder schriftlichen Abreden. Nebenabreden sind nicht getroffen.

20.5   Schriftform, Protokolle

Dem Vertragsschluss nachfolgende mündliche Abreden der Parteien sind in jedem Fall schriftlich oder in einem Protokoll (vgl. Punkt 4.3 dieses Vertrages) zu bestätigen. Dies gilt auch für die Aufhebung des Schriftformerfordernisses.

20.6   Teilunwirksamkeit, Salvatorische Klausel

Ist oder wird eine Bestimmung dieses Vertrages unwirksam oder nichtig, bleibt die Wirksamkeit des Vertrages im Übrigen unberührt; § 139 BGB wird abbedungen.

Soweit der Vertrag Regelungslücken aufweist, werden diese durch eine Regelung gefüllt werden, die dem wirtschaftlichen Zweck des Vertrages Rechnung trägt.

(Unterschriften)

5 Der Vertrag im Detail

Nachfolgend werden die Klauseln des Mustervertrages einzeln besprochen und ihr rechtlicher Hintergrund wird erläutert. Sprachlich wird in der Kommentierung die Bezeichnung der Parteien aus dem Vertrag beibehalten, also von „Dienstleister" und „Kunde" gesprochen, auch wenn in der Terminologie des BGB im Werkvertragsrecht von „Unternehmer" und „Besteller" zu sprechen wäre.

5.0 Rubrum

5.0.1 Vertragstext

Projektvertrag
zwischen

Kunde **Rechtsform**
vertreten durch **Name**, **Position im Unternehmen**
Straße
Ort
Handelsregister-Nr., **Registergericht**
- nachfolgend „Kunde" genannt -

und

Dienstleister **Rechtsform**
vertreten durch **Name**, **Position im Unternehmen**
StraßeOrt
Handelsregister-Nr., **Registergericht**
- nachfolgend „Dienstleister" genannt -

5.0.2 Allgemeiner Hintergrund

Praktisch jeder Vertrag beginnt mit der Bezeichnung der Vertragsparteien sowie einigen weiteren Angaben. So selbstverständlich das klingt, so viele – teils folgenschwere – Fehler und Ungenauigkeiten finden sich hier in der Praxis.

5.0.3 Zu den Formulierungen im Einzelnen

Vorliegend wird in der Überschrift der Klausel für den Vertrag die – sachlich angemessene – Bezeichnung **„Projektvertrag"** vorgeschlagen. Die Diskussion über die „juristisch richtige" Bezeichnung (vgl. oben Ziffer 2.2) wird damit an dieser Stelle nicht geführt. Die Frage, ob nach den Kategorien des BGB ein Werk-, Dienst- oder Kaufvertrag vorliegt, richtet sich ohnehin nicht nach der Benennung, welche von den Parteien gewählt wird, sondern nach dem Inhalt der Leistungen.

Nachfolgend werden die **Vertragspartner** benannt. Das mag trivial erscheinen, aber viele Probleme beginnen damit, dass oft schon gar nicht klar ist, wer die Vertragsparteien genau sind. Hier wird vor allem dann, wenn eine oder beide der Parteien Konzernunternehmen sind, oft nicht sauber gearbeitet. Es gilt zu verstehen, dass auch ein Konzern aus voneinander zu unterscheidenden juristischen Personen besteht. Ein Vertrag (nur) mit einem der verbundenen Unternehmen verpflichtet nicht ohne Weiteres auch die weiteren Konzerneinheiten.

In der Praxis kommt es tatsächlich häufig vor, dass Verträge mit den „falschen" Vertragspartnern geschlossen werden, etwa in einem Konzern mit der Holding statt mit dem „eigentlich gemeinten" Tochterunternehmen. Das ist besonders dann unangenehm, wenn der Vertrag Rechtübertragungen beinhaltet, die dann schlicht an den falschen Adressaten gehen – nämlich in unserem Beispiel an die Holding, in der die Rechte gar nicht benötigt werden. Die Auswirkungen können sogar noch fataler sein: In einem dem Autor bekannten Fall wurde ein Projekt mit öffentlichen Mitteln gefördert, der Projektvertrag aber versehentlich mit einem anderen Unternehmen (eben der Muttergesellschaft) abgeschlossen. Hier ging die Rechteübertragung fehl und die Fördergelder mussten zurückgezahlt werden.

Es empfiehlt sich, in der Bezeichnung der Parteien, insbesondere wenn diese juristische Personen, etwa GmbHs oder AGs sind, auch gleich die **Vertreter** und deren Position in den beteiligten Unternehmen festzuhalten. Auf diese Weise kann gleich überprüft werden, ob die erforderliche Vertretungsmacht besteht. Allerdings kommt es bei umfangreichen Projektverträgen eher selten vor, dass behauptet wird, das Dokument wäre nicht von einer vertretungsberechtigten Person unterzeichnet worden.

Im Vorschlag wird ferner eine durchgehende **Bezeichnung** für die Parteien festgelegt, die fortfolgend im Vertragstext eingehalten wird. Dies hat im Wesentlichen zwei Gründe.

Zum einen wird der Vertragstext leichter verständlich. Die Bezeichnungen – hier „Kunde" und „Dienstleister" – sind keine inhaltslosen Namen, sondern legen auch Rollen fest. In ihnen liegt bereits Bedeutung, die im Text nachfolgend konkretisiert wird.

Die Abstraktion der Parteibezeichnungen macht es ferner leichter, den Text oder Teile davon für andere Projekte wieder zu verwenden. Auf die Nachteile und Gefahren des Samplings (vgl. Punkt 3.2) sei nochmals hingewiesen. Im vorliegenden Fall geht der Vertragstext zudem davon aus, dass die Parteien die Klauseln im Detail aushandeln. Die Regelungen sind also nicht notwendigerweise an den Anforderungen der §§ 305 ff. BGB an Allgemeine Geschäftsbedingungen ausgerichtet.

5.1   Präambel

5.1.1   Vertragstext

1. Präambel
Der Kunde betreibt unter der Domain **http://www.namederseite.de** eine Portalseite im Internet. Unter der angegebenen Domain sind für die Nutzer der Seite des Kunden verschiedene Dienste verfügbar, insbesondere **überblicksartige Aufzählung**.
Der Kunde beabsichtigt, die Seite einem kompletten Neudesign zu unterziehen.

Dies betrifft sowohl das Aussehen der Seite und die für den Nutzer verfügbaren Dienste als auch die Administration der Seite und die Pflegbarkeit der verfügbaren Inhalte durch den Kunden.

Der Dienstleister vertreibt das Portalsystem **Name**, ein Content Management System, das den jeweiligen Betreiber in die Lage versetzt, Portalseiten zu betreiben, die zugehörigen Inhalte zu verwalten und zugehörige Dienste zur Verfügung zu stellen. Dieses Portalsystem passt der Dienstleister zur Abbildung individueller Anforderungen speziell an die Bedürfnisse des Kunden an.

Der Kunde hat zur Spezifikation der Anforderungen an die neue Portalseite ein Lastenheft erstellt. Dieses liegt dem Dienstleister vor und diesem Vertrag als **Anlage 1** bei. Das Portalsystem des Dienstleisters ist – nach Anpassung – grundsätzlich in der Lage, diese Anforderungen umzusetzen.

Das Portalsystem ist bereits bei mehreren Unternehmen erfolgreich im Einsatz, so etwa bei den Referenzkunden des Dienstleisters **Aufzählung**. Der Kunde hatte Gelegenheit, diese Referenzkunden nach deren Erfahrungen beim Einsatz des Portalsystems zu befragen. Dies verlief zur Zufriedenheit des Kunden.

Die Parteien vereinbaren deshalb wie folgt:

5.1.2 Allgemeiner Hintergrund

Ein Vertragstext enthält eine Vielzahl von technischen, rechtlichen und kaufmännischen Angaben und Regelungen. Er lässt sich auch von einer **Metaebene** aus betrachten, es geht dort um das „Warum". Warum kommen gerade diese Parteien zusammen, warum eigentlich schließt man überhaupt einen Vertrag, welche Ziele verfolgt man damit?

Die Bedeutung dieser Ebene wird häufig völlig unterschätzt, man will sich schließlich direkt mit den „eigentlichen" Sachfragen beschäftigen, kurz, prägnant und lesbar regeln. Dabei spielt die Metaebene gerade dann eine Rolle, wenn etwas schief geht und es zum Streit kommt, wenn die Parteien eine Regelung vergessen haben oder ein Punkt undurchführbar oder unvollständig geregelt ist.

Beim Fehlen einer anwendbaren Regelung sowohl in den vertraglichen Regelungen der Parteien als auch im Gesetz wird die Rechtsfigur der **vertragsergänzenden Auslegung** angewandt. Hier wird erforscht, was die Parteien verständigerweise vereinbart hätten, wäre der fehlende Punkt beachtet worden. Da diese Auslegung aber im Zweifel von einem Gericht getroffen wird, wenn schon Streit zwischen den Parteien eben über den betreffenden Punkt besteht, ist oft nur schwer vorhersehbar, was das Ergebnis sein wird. Ähnlich ist dies auch dann, wenn die Parteien Regelungen getroffen haben. Auch diese bedürfen der **Auslegung**. Dabei geht es darum zu erforschen, wie Willenserklärungen interpretiert werden müssen, wenn sie mehrdeutig oder missverständlich formuliert sind. Hier dient die Präambel dazu, die Basis für diese Auslegungen zu schaffen und den vertraglichen Regelungen den richtigen Hintergrund zu geben, vor dem sie überhaupt erst verständlich werden.

Wichtig kann die Metaebene auch bei der Frage werden, welche Nutzungsrechte durch den Vertrag in welchem Umfang übertragen wurden. Spezifizieren die Parteien dies nicht genau, gilt nach § 31 Abs. 5 UrhG die so genannte **Zweckübertragungsregel**. Der Umfang der eingeräumten Rechte bestimmt sich dann nach dem Vertragszweck, der aus der Präambel ermittelt werden kann (zu diesem Komplex unter Punkt 5.6.3 mehr).

5.1.3 Zu den Formulierungen im Einzelnen

Hinsichtlich des **Kunden** wird im Mustertext zunächst klargestellt, dass dieser eine Portalseite im Internet betreibt, die nachfolgend in ihren wesentlichen Diensten kurz skizziert wird. Bereits der nachfolgende Absatz macht aber deutlich, dass diese Seite komplett neu gestaltet werden soll und dies sowohl das Aussehen als auch die Funktionalität für Nutzer von Front- und Backend sowie die Administration betrifft.

Damit ist zum einen bereits denkbar kurz der **Zweck** des vorliegenden Vertrages beschrieben. Durch diesen wird in weiten Teilen der Umfang der Nutzungsrechteeinräumung definiert. Genaueres hierzu unter Punkt 5.6.

Es wird aber auch klargestellt, dass das Altsystem nicht den **Maßstab** für das neue System darstellt. Vielmehr sind dafür die später geregelten technischen Unterlagen (Spezifikation der Anforderungen bzw. Pflichtenheft) allein maßgeblich. Diese Feststellung mag trivial klingen, sie ist es aber nicht.

Unausgesprochen geht der Kunde im Fall der Ersetzung eines Altsystems durch eine neue Lösung oft davon aus, dass diese „mindestens" dieselbe Funktionalität hat wie die Altlösung. Das ist selbst dann so, wenn – wie hier – eine Spezifikation der Anforderungen bereits schriftlich vorliegt. Diese wird von den Vertragsparteien häufig jeweils ganz anders gelesen, es handelt sich ja noch um eine recht grobe Beschreibung. Der Kunde wird die verbleibenden Lücken fast automatisch mit dem Vorwissen um sein Altsystem füllen, der Dienstleister dagegen sein vorhandenes und anzupassendes Standard-Portalsystem in die Spezifikation hineinlesen. Das kann zu fatalen Kommunikationsfehlern führen: Man redet oft schlicht aneinander vorbei, weil man sich mit unterschiedlichem Vorwissen begegnet; vielleicht dieselben Begriffe benutzt, aber etwas ganz anderes meint.

Aber auch ohne Krisenlage stellt sich im Projekt immer wieder die Frage, wie Lücken und Unklarheiten in den leistungsbeschreibenden Dokumenten geschlossen werden können. Ein Rückgriff auf das Altsystem macht hier schon aus technischer Sicht in der Regel wenig Sinn: Wenn die alte Seite auf einer anderen technischen Plattform basiert, wird es häufig nur schwer möglich sein, bestimmte Funktionen ohne großen Anpassungsaufwand genau so wie in der Altlösung abzubilden. Gleichzeitig hält das neue System vielleicht äquivalente Funktionalitäten standardmäßig bereit, die zwar in Details von der Altlösung differieren, sonst aber denselben Zweck erfüllen.

Im Abschnitt zum **Dienstleister** wird klargestellt, dass dieser ein Standard-Portalsystem vertreibt, das aber an individuelle Anforderungen beim Kunden abgepasst werden kann. Hier ist also – denkbar kursorisch allerdings – der Weg zur Erreichung des Projektziels dargestellt.

Bereits in der Präambel wird klargestellt, dass vorliegend der Kunde „weiß was er will", er hat bereits eine fachliche Spezifikation seiner Anforderungen erstellt, ein Lastenheft. Zu den Auswirkungen im Einzelnen später. Der Dienstleister stellt klar, dass sein Portalsystem dem Grunde nach geeignet ist, die Anforderungen des Kunden umzusetzen. Mit dieser Klarstellung wird dokumentiert, dass der Dienstleister jedenfalls in überblicksartiger Weise die Anforderungen des Projekts und die Gegebenheiten seines Standard-Systems abgeglichen hat. Behauptet er dies „ins Blaue hinein" und stellt es sich nachträglich als falsch heraus, so kann der Kunde etwa erwägen, seine Willenserklärung zum Vertragsschluss nach § 123 Abs. 1 BGB **anzufechten** und damit den Vertrag rückwirkend zu beseitigen:

§ 123 BGB - Anfechtbarkeit wegen Täuschung oder Drohung
(1) Wer zur Abgabe einer Willenserklärung durch arglistige Täuschung oder widerrechtlich
durch Drohung bestimmt worden ist, kann die Erklärung anfechten. (...)

Rechtsfolge der wirksamen Anfechtung ist, dass nun mangels Vertrag die bereits übergebenen Leistungen nach dem sogenannten Bereicherungsrecht zurückzugewähren sind.

In die Präambel wurden einige Details aus der **Vertragsverhandlung** und den Erkundigungen des Kunden über den Anbieter aufgenommen. Insbesondere betrifft dies die Konsulta-
tion von früheren Kunden des Dienstleisters als Referenz. Es kann durchaus sinnvoll sein,
solche Umstände auch in der vertraglichen Vereinbarung festzuhalten. Damit wird jedenfalls
dokumentiert, dass sich die Parteien miteinander beschäftigt haben; wissen, mit wem sie
es zu tun haben. So wird der Kunde etwa, sollte das Projekt nicht wie gewünscht verlaufen,
kaum den Vertrag vollständig anfechten können, weil er meint, der Dienstleister habe ihn
über seine Erfahrung und den Umfang der bereits getätigten Projekte getäuscht. Gerade für
die Ermittlung dieser Umstände hat er ja die Referenzkunden befragt.

5.2 Begriffsbestimmungen

5.2.1 Vertragstext

2. Begriffsbestimmungen
Die nachfolgenden Begriffe werden im Rahmen dieser Vereinbarung in der definier-
ten Weise verstanden.
• „Kundenseite": meint die vom Kunden betriebene Seite unter der Domain **http://
www.namederseite.de**.
• „System": Das auf die Bedürfnisse des Kunden abgestimmte Portalsystem ein-
schließlich der kundenspezifischen Anpassungen nebst Benutzungsanleitung und
Dokumentation.
• „Software": meint nur den Software-Teil des Systems, d.h. nicht Dokumentation,
Anleitungen etc.
• „Standard-Software": meint nur den standardisierten Teil der Software des Portalsystems, d.h. ausschließlich kundenspezifischer Anpassungen.
• „Frontend": meint den für den Nutzer der Kundenseite sichtbaren Teil des Sys-
tems, welcher der Eingabe und Anzeige von Daten dient. Insbesondere betrifft
dies die für den Nutzer sichtbare Anordnung von Text- und Grafikelementen.
• „Portalsystem": meint das beim Dienstleister vorhandene, aus Standardkomponenten bestehende Content Manangement System einschließlich Software, Dokumentation, Benutzungsanleitungen und Design-Vorlagen.

5.2.2 Allgemeiner Hintergrund

Typischerweise enthalten Projektverträge eine Reihe von Definitionen. Diesen Brauch
kennt man vor allem aus dem angloamerikanischen Rechtssystem. Er setzt sich aber mehr

und mehr auch im deutschen Vertragsrecht durch. Und das mit gutem Grund. Denn jeder gut durchdachte Vertrag verwendet Begriffe in einer möglichst **präzisen** Art und Weise. Um zu erfassen, was genau der Vertrag wie regeln will, muss man verstehen, wie die Schlüsselbegriffe gebraucht werden. Um hier erst gar keine Unklarheiten aufkommen zu lassen und Missverständnisse zu vermeiden, greift man zur Definition.

Die Definitionen sollten sich in der Regel auf die Festlegung außerrechtlicher Begriffe beschränken – juristische Termini (etwa „Rücktritt") haben bereits eine fachsprachliche Bedeutung und werden im Rahmen eines Vertrages auch so verstanden.

In vielen Verträgen finden sich bereits „Definitionen" mit **Regelungsgehalt**. So werden ab und an die Begriffe „Lizenz" oder „Rechteeinräumuung" definiert, wobei eben der sachliche Inhalt der entsprechenden Rechteeinräumuung bereits geregelt wird. Hierbei handelt es sich um eine Unsitte, die besser vermieden werden sollte. Zum einen vermutet niemand in den Definitionen echte Sachregelungen. Ferner sind die Regelungen zu einem Sachkomplex dann häufig über den Vertrag verstreut (nämlich in der Definition und zudem weitergehend noch in den „eigentlichen" Regelungen). Das macht den Vertrag aber schwer les- und verstehbar.

In jedem Fall sollte auf die Definitionen einige Sorgfalt verwendet werden. Wird hier nicht sauber gearbeitet, sind Missverständnisse im späteren Vertragstext vorprogrammiert.

Bsp: Die Parteien schließen einen Vertrag über die Einführung einer auf Standard-Software bestehenden ERP-Lösung. Das System soll mindestens zwei Jahre nach Einführung durch den Dienstleister gepflegt werden. Dabei wird bestimmt, dass jeweils das aktuelle „Release" der Standard-Software oder aber dessen Vorgänger einzusetzen ist.

Hier ist es wichtig, was im Detail mit „Release" gemeint ist. Ist eine mit einem „Patch" versehene Software schon ein neues Release? Braucht es ein „Update"? Oder kommt es schlicht darauf an, ob der Hersteller selbst von einem „Release" spricht? Und was genau ist eigentlich der Unterschied zwischen einem „Update", einem „Patch" und einem „Release"?

5.2.3   Zu den Formulierungen im Einzelnen

Die Formulierungen im Einzelnen sollten selbsterklärend sein. Interessant ist in der vorstehenden Regelung vor allem die Abschichtung von „System", „Software" und „Standard-Software". Diese Vorgehensweise vereinfacht den nachfolgenden Text ganz erheblich. So wird es einfach und nachvollziehbar möglich, differenzierte Regelungen zu den jeweiligen Bereichen zu finden.

Dieses Vorgehen kann notwendig sein. So kann etwa bei der Rechteübertragung durchaus gewollt sein, dass der Kunde an den spezifisch für ihn vorgenommenen Anpassungen des Systems ausschließliche Rechte erwerben soll. Bei dem standardisierten Teil der Lösung wird das in aller Regel aber nicht der Fall sein. Hier muss also eine klare Terminologie gefunden werden, damit eindeutig festgelegt ist, welche Rechteeinräumung sich auf welchen Lösungsteil bezieht. Im Einzelnen siehe unten Punkt 5.6.

5.3 Vertragsgegenstand

5.3.1 Vertragstext

3. Vertragsgegenstand

Gegenstand des Vertrages sind die Rechte und Pflichten der Parteien im Zusammenhang mit der Lieferung und Einführung des Systems, basierend auf dem Portalsystem, das kundenspezifisch angepasst wird. Dies beinhaltet insbesondere die:

- Erstellung des Pflichtenheftes;
- Umsetzung des Pflichtenheftes;
- abnahmefähige Implementierung des Systems;
- Einführung des Systems;
- Ersteinweisung des Kunden in die Nutzung des Systems sowie
- die Gegenleistungen durch den Kunden.

5.3.2 Zu den Regelungen

Nach der Klärung, wer eigentlich Partei ist, wie der Bezugsrahmen des Vertrages aussieht und der Festlegung der Terminologie des Dokuments stellt der Abschnitt über den „Vertragsgegenstand" den eigentlichen **sachlichen Einstieg** in den Text dar. Es wird ein grober Überblick über die im Vertrag geregelten Leistungen gegeben.

Das trägt zunächst nicht unwesentlich zum Verständnis des Textes bei. Es hilft aber auch festzustellen, welche gesetzlichen Vorschriften etwa des BGB ergänzend bei Lücken des Projektvertrages zur Anwendung kommen könnten: Das bestimmt sich ja gerade nach den vertraglich geschuldeten Leistungen, die sich hier übersichtlich zusammengefasst finden.

5.4 Projektorganisation

5.4.1 Vertragstext

4. Projektorganisation

4.1   Projektleiter

Die Vertragsparteien benennen jeweils einen verantwortlichen, für seine Aufgabe qualifizierten Projektleiter sowie dessen Stellvertreter. Die Benennung erfolgt in **Anlage 2**.

Für Zeiten der Abwesenheit (Urlaub, Krankheit, Verhinderung aus anderen wesentlichen Gründen) des Projektleiters und dessen Stellvertreters sind unverzüglich ebenso qualifizierte Ersatzpersonen zu benennen.

Veränderungen in den benannten Personen haben die Parteien sich unverzüglich unter Angabe der zur Änderung führenden Gründe mitzuteilen. Bis zum Zugang einer solchen Mitteilung gelten die zuvor benannten Projektleiter und Stellvertreter als berechtigt, im Rahmen ihrer bisherigen Vertretungsmacht (Ziffer 4.2) Erklärungen abzugeben und entgegenzunehmen.

Soweit ein Projektleiter oder dessen Stellvertreter nicht ausreichend qualifiziert oder erfahren ist, kann die jeweils andere Partei verlangen, dass er ausgetauscht wird.

4.2   Rechte, Vertretungsmacht
Die Projektleiter und Stellvertreter sind berechtigt, Erklärungen im Zusammenhang mit der Vertragsdurchführung für die jeweilige Partei, von der sie benannt sind, verbindlich abzugeben und entgegenzunehmen.

4.3   Projektsitzungen, Protokolle
Unter Beteiligung der Projektleiter bzw. Stellvertreter beider Parteien sowie ggf. je nach zu erörterndem Thema weiterer am Projekt beteiligter Personen werden in jeder Projektphase auf Anforderung einer Partei bei Zweckdienlichkeit mit einer Einberufungsfrist von mindestens drei (3) Arbeitstagen, mindestens aber 14-tägig, Projektsitzungen durchgeführt.

Über jede Projektsitzung ist vom Dienstleister ein Protokoll anzufertigen und innerhalb von drei (3) Arbeitstagen nach der betreffenden Projektsitzung an den Kunden zur Genehmigung zu übermitteln. Soweit der Kunde nicht innerhalb von drei (3) Arbeitstagen nach Zugang eines Protokolls detailliert schriftlich widerspricht, gilt dieses als genehmigt.

Mit Genehmigung werden die im Protokoll festgehaltenen Absprachen verbindlich.

5.4.2   Allgemeiner Hintergrund

Bei vielen im BGB vorgegebenen Verträgen sind die Rollen und **Verantwortlichkeiten** der Parteien recht einfach geregelt: Eine Partei ordert eine bestimmte Leistung und zahlt dafür die vereinbarte Vergütung. Die andere Partei ist dafür verantwortlich, dass die Leistung vertragsgemäß erbracht wird. Im Gegensatz dazu haben Projektverträge eine sehr viel stärker ausgeprägte kooperative Komponente. Das kann so weit gehen, dass die Projektverantwortung gleichmäßig zwischen den Parteien verteilt ist. Auch wenn bei typischeren Projekten diese Verantwortung letztlich ganz überwiegend beim Dienstleister liegen wird, so bedarf es hier dennoch einer sehr viel stärkeren Einbindung des Kunden.

Dieser Unterschied hat einen einleuchtenden Grund. Bei einem typischen Miet-, Kauf- oder auch Werkvertrag steht von Anfang an recht genau fest, was am Ende geliefert oder sonst geleistet werden soll. Das ist beim Projektvertrag in der Regel anders. Hier gibt es zwar Projektziele, im besten Fall sogar schon eine fachliche Spezifikation, ein Pflichtenheft; mehr aber meist nicht. Es ist eine gemeinsame Aufgabe der Parteien, die Details der zu erbringenden Leistungen erst als Teil des Projekts zu **erarbeiten**. Das sollte im Vertrag auch so beschrieben werden, da der Gesetzgeber insbesondere im Werkvertragsrecht davon ausgeht, dass der Kunde die Leistung abschließend beschreiben muss.

Das erfordert sehr weitgehende Mitwirkungs- und Beistellpflichten, vgl. hierzu unten 5.6.6. Es gilt vor allem aber der Grundsatz, dass das Fehlen von materiellen Regeln - eben der Leistungsbeschreibung - durch verbindlichen Definitions-, Verfahrens- und Organisationsregeln aufgefangen werden muss. Eine der zu regelnden Notwendigkeiten ist damit die Vereinbarung einer an die konkreten Projektgegebenheiten angepasste **Organisationsstruktur**. Ohne diese ist es erfahrungsgemäß schwierig, alle notwendigen Absprachen und Entscheidungen während des Projektes herbeizuführen und zu dokumentieren.

5.4.3 Zu den Regelungen im Einzelnen

Im Vorschlag ist eine eher einfache Regelung zur Organisationsstruktur vorgesehen, die als ausbaufähige Grundform der Projektorganisation angesehen werden kann.

Benannt werden zunächst nur **Projektleiter**. Diese erhalten einen Stellvertreter, denn die Projektorganisation muss auch dann gewährleistet werden, wenn der Leiter nicht verfügbar ist. Aufgrund der zentralen Stellung dieser Personen erfolgt die Bestellung bereits in einer Vertragsanlage. Sind beide Personen abwesend besteht eine Pflicht, geeignete Ersatzpersonen zu benennen und dies der anderen Partei anzuzeigen: Diese muss wissen, an wen sie sich wenden kann und wer berechtigt ist, projektrelevante Entscheidungen zu fällen. In jedem Fall müssen die benannten Personen ausreichend erfahren und qualifiziert sein. Das leuchtet ein: Sie werden sonst kaum in der Lage sein, ihre Aufgaben zu erfüllen. Da nach der vorliegenden Gestaltung die Projektleiter die zentrale Stellung in der Organisationsstruktur einnimmt, kann die andere Partei beim Fehlen der vereinbarten Eigenschaften verlangen, dass er ausgetauscht wird. Eine solche Klausel will freilich gut bedacht sein: Sie bietet Konfliktpotenzial und kann mehr Schaden als Nutzen anrichten. Die Partei, welche die Abberufung fordert, wird auch die fehlende Qualifikation oder Erfahrung überzeugend darlegen und ggf. beweisen müssen.

Nachfolgend sieht der Mustertext vor, dass die Projektleiter volle **Vertretungsmacht** besitzen. Sie treffen also nicht nur technische und organisatorische Entscheidungen, sondern können auch Änderungen von Vertrag und Leistungsumfang vereinbaren. In dieser flexiblen Strukturierung der Projektorganisation sind die im Vertrag vorgesehen Instrumente der Projektsitzungen (dazu gleich) und des Verfahrens zu Leistungsänderungen und -erweiterungen (dazu unter 5.11) daher nur mögliche, aber keine notwendigen Instrumente. Ihre Nutzung wird sich empfehlen, ist aber nicht verbindlich. Bei komplexeren Projekten empfiehlt sich daher eine sehr viel verbindlichere Projektorganisation, dazu unten.

In jedem Fall sollte die Vertretungsmacht im **Innenverhältnis** klar beschrieben und begrenzt werden. Der Projektleiter und sein Stellvertreter müssen wissen, wann und in welchem Umfang sie intern mit dem Management Änderungen des Vertrages oder der Leistungsinhalte abstimmen müssen.

Für die Berichte über den Projektverlauf, Absprachen und die Findung von Entscheidungen sieht der Vorschlag regelmäßige oder bei Bedarf einzuberufende Projektsitzungen vor. An diesen nehmen jedenfalls die Projektleiter teil, die natürlich weitere am Projekt beteiligte Personen nach Bedarf hinzuziehen werden. Nach dem Formulierungsvorschlag können **Projektsitzungen** „außer der Reihe" jederzeit mit einer kurzen Frist einberufen werden. Diese Regelung ist häufig angemessen, um aktuell auftauchende Fragen zeitnah zu lösen. Der Mechanismus kann aber durchaus auch missbraucht werden, um das Projekt zu torpedieren und mit immer neu einberufenen, letztlich fruchtlosen Projektsitzungen ständig neuen „Sand ins Getriebe" zu streuen. Dem wird vorgebeugt, indem wenigstens **Zweckdienlichkeit** der

Sitzung gegeben sein muss, der Begriff wird freilich weit ausgelegt werden können. Im Regelfall wird der Vorteil einer flexiblen Regelung die möglichen Nachteile aber aufwiegen.

Im Mustervorschlag ist es die Pflicht des Dienstleisters, das Protokoll über die Projektsitzungen anzufertigen. Dies klingt nach einer Belastung, ist in Wirklichkeit aber ein gar nicht zu überschätzender Vorteil: Die **Protokollhoheit** ist nichts anderes als die Fortsetzung der Formulierungshoheit (vgl. oben 3.0) nach Vertragsschluss. Sie sichert sehr weitgehenden Einfluss auf den genauen Inhalt der weiteren Absprachen der Parteien.

> Tipp: Wer schreibt, der bleibt. Kleine Nuancen in der sprachlichen Formulierung können bei der Auslegung des genauen Inhaltes von Dokumenten den entscheidenden Unterschied ausmachen. Mit der Bereitschaft, eine auf den ersten Blick lästige Aufgabe zu übernehmen, hat es die jeweilige Partei daher in der Hand, einen wichtigen strategischen Vorteil zu erwerben.

Diese starke Position des das Protokoll führenden Vertragspartners wird ausgeglichen, indem der andere Teil ein Widerspruchsrecht hat, das freilich nicht pauschal ausgeübt werden darf: Der Widerspruch ist zu detaillieren. Erfolgt ein Widerspruch freilich nicht, so gilt das Protokoll als genehmigt und wird verbindlich.

In diesem Fall liegt eine sogenannte **Genehmigungsfiktion** vor. Es bleibt darauf hinzuweisen, dass diese in detailliert ausgehandelten Verträgen in der Regel unproblematisch ist, in AGB allerdings nur eingeschränkt vereinbart werden kann. Den Maßstab auch für den unternehmerischen Rechtsverkehr gibt hier § 308 Nr. 5 BGB:

§ 308 BGB - Klauselverbote mit Wertungsmöglichkeit
In Allgemeinen Geschäftsbedingungen ist insbesondere unwirksam (...)
5. (Fingierte Erklärungen)
eine Bestimmung, wonach eine Erklärung des Vertragspartners des Verwenders bei Vornahme oder Unterlassung einer bestimmten Handlung als von ihm abgegeben oder nicht abgegeben gilt, es sei denn, dass
a) dem Vertragspartner eine angemessene Frist zur Abgabe einer ausdrücklichen Erklärung eingeräumt ist und
b) der Verwender sich verpflichtet, den Vertragspartner bei Beginn der Frist auf die vorgesehene Bedeutung seines Verhaltens besonders hinzuweisen; (...)

Ist nach diesen Grundsätzen eine Fiktion nicht möglich, kann ggf. über ein **kaufmännisches Bestätigungsschreiben** eine ähnliche Wirkung erreicht werden.

Gerade wenn bei einem langen und umfangreichen Projekt sehr viele Projektsitzungen zu erwarten sind und sehr umfangreich Protokolle angefertigt werden müssen, kann sich eine gesonderte **Vergütungsregelung** empfehlen. Denn für all diese Tätigkeiten muss ja erhebliche Zeit aufgewendet werden, ohne dass der genaue Umfang vorab schon sicher kalkuliert werden kann.

5.4.4 Weitere sinnvolle Regelungen

Bei der Projektorganisation sind eine Vielzahl alternativer oder zusätzlicher Regelungen denkbar.

Gerade bei größeren Projekten wird sich häufig eine **zweistufige Projektorganisation** empfehlen. Hier können die operative bzw. technische Ebene der Projektdurchführung und die Entscheidungsebene getrennt werden, etwa indem neben dem Projektausschuss ein Lenkungsausschuss gebildet wird. Während der Projektausschuss sich mit den Details beschäftigt, etwa Spezifikation erarbeitet und technische Einzelfragen klärt, ist der Lenkungsausschuss das Gremium, in dem rechtlich verbindliche Entscheidungen gefällt werden. Die Details sind frei regelbar. Denkbar ist, dass der Projektausschuss Lücken der Leistungsbeschreibung selbst ausfüllen kann („Spezifikations-Management"), Änderungen aber nur vorgeschlagen und vom Lenkungsausschuss beschlossen werden müssen („Change Management").

Je komplexer die Struktur wird, desto wichtiger ist es auch, dass die „richtigen Leute an der richtigen Stelle sitzen". Gerade im Lenkungsausschuss ist nicht so sehr detaillierte Sachkenntnis notwendig, hier darf sich ohnehin nicht in Detailfragen verloren werden. Vielmehr geht es hier bereits um **Konfliktmoderation**, eine auch psychologisch nicht immer einfache Aufgabe: Dazu muss man sich auch in die Position des Gegenübers hineinversetzen können. Da hier zudem häufig weitreichende Entscheidungen zu fällen sind, etwa der (zeitweilige) Verzicht auf „an sich" gegebene Rechte im Interesse der Sicherung des Projekterfolges, sollten die hier handelnden Personen auch über genügend „Standing" innerhalb der eigenen Organisation verfügen, um die gefundenen Entscheidungen auch nach innen vertreten zu können.

> Tipp: Diese Fragen lassen sich vertraglich kaum regeln. Es ist an den Parteien, hier eine sinnvolle Besetzung der Gremien zu bilden. Diese Frage kann für den Erfolg des Projekts wichtiger werden als viele der Klauseln und Regelungen im Vertrag. Hier können bereits die Weichen in Richtung Erfolg oder Scheitern des Projekts gestellt werden.

Die Struktur lässt sich im Sinne der Etablierung von **Eskalationsmechanismen** noch weiter ausbauen. So kann etwa bestimmt werden, dass im Fall von Konflikten, die auch auf der Ebene des Lenkungsausschusses nicht gelöst werden können, ein Treffen auf Geschäftsführer- / Vorstandsebene o.ä. stattzufinden hat. Führt auch dies nicht weiter, kann eine Eskalation an externe Stellen etwa in Form einer Moderation vorgesehen werden.

Statt der hier vorgeschlagenen Protokolle kann etwa die Führung eines sehr viel detaillierteren **Projekttagebuches** vereinbart werden, das in gesammelter Form neben den vertragsleitenden und -ändernden Abreden der Parteien auch Fehler- und Abnahmeprotokolle, Korrespondenz etc. enthält. Diese strukturierte Form der Dokumentation stellt ggf. eine gut zu handhabende Arbeitsgrundlage auf möglichen Eskalationsebenen dar. Gerade im Krisenfall tendieren die Darstellungen der Parteien auf den Arbeitsebenen dazu, auseinanderzufallen und taugen daher kaum als Grundlage zur Moderation von Konflikten.

Geregelt werden sollte ggf. die **Sprache**, in der die Kommunikation der Parteien stattfinden kann. Gerade bei internationalen Projekten wird hier häufig ein Konflikt bestehen, der in der einen oder anderen Form zu lösen ist. Das kann so weit gehen, dass sich die Parteien verpflichten, jedenfalls im Rahmen der Projektorganisation nur solche Personen einzusetzen, die etwa der deutschen oder englischen Sprache mächtig sind.

5.5 Projektphasen

5.5.1 Vertragstext

5. Projektphasen und Leistungen

5.1 Überblick

Die Leistungserbringung gliedert sich in die Planungsphase und in die Realisierungsphase.

Ziel der Planungsphase ist es, auf Grundlage des Lastenhefts ein Pflichtenheft bezüglich der in der Realisierungsphase zu erbringenden Leistungen zu erstellen.

Ziel der Realisierungsphase ist es, das in der Planungsphase erstelle Pflichtenheft umzusetzen.

5.2 Planungsphase

Auf Basis des vom Kunden vorgegebenen Lastenhefts wird der Dienstleister innerhalb von sechs (6) Wochen nach Vertragsschluss ein Pflichtenheft nebst Realisierungs-Zeitplan erstellen.

Das Pflichtenheft ist durch den Kunden abzunehmen (vgl. Punkt 8) und wird nachfolgend als **Anlage 3** dem Vertrag als integraler Bestandteil beigefügt.

5.3 Realisierungsphase

Nach Abnahme des Pflichtenhefts folgt die Entwicklung, Anpassung und Implementierung des im Pflichtenheft in **Anlage 3** beschriebenen Systems.

5.5.2 Allgemeiner Hintergrund

Hier geht es in die Details der unter dem Vertrag durch den Dienstleister zu erbringenden Leistungen. Streng genommen werden vorliegend nicht sämtliche Projektphasen abgebildet: Das Vorhaben beinhaltet ja etwa auch Einführung und Einweisung, später vielleicht Pflege, und auch die Abnahme lässt sich als eigene Vertragsphase ausgestalten. Planung und Umsetzung sind aber vorwiegend die Leistungen, die dem Vertrag sein eigentliches Gepräge geben.

5.5.3 Zu den Regelungen im Einzelnen

Im vorliegenden Fall besteht die Leistungserbringung mit den oben angesprochenen Einschränkungen aus zwei Hauptphasen: Der Erstellung der **technischen Feinspezifikation** (Pflichtenheft) nach Maßgabe der vom Kunden bereits erstellen fachlichen Feinspezifikation (Lastenheft) und der Umsetzung dieses Dokuments. Es ist offensichtlich, dass in der ersten Phase des Projekts, der Planungsphase, mit dem Pflichtenheft erst die eigentliche Leistungsbeschreibung erstellt wird, die in der Umsetzungsphase realisiert wird.

Mit dieser Technik haben es die Parteien in der Hand, auch Leistungen vertraglich zu regeln, bei denen der eigentliche Leistungsinhalt späterer Stufen noch gar nicht feststeht: Der Vertrag zieht sich gleichsam von Stufe zu Stufe an den „eigenen Haaren aus dem Sumpf". Theoretisch kann eine unbegrenzte Anzahl dieser Erstellungsstufen hintereinander gestellt werden. Wenn etwa selbst die Grobspezifikation noch gar nicht vorhanden ist, auf deren Basis ja die Feinspezifikationen erstellt werden soll, könnte die erste Stufe des Vertrages auch aus deren Erstellung aufbauend auf einer Anforderungsanalyse bestehen. Verschiedene Vertragsphasen lassen sich hier also in praktisch beliebiger Anzahl und Komplexität kombinieren.

In der Sache folgt der Vertrag damit weitgehend dem **Wasserfallmodell** mit seinen klar definierten und sequenziell abzuarbeitenden Phasen, einem der klassischen Vorgehensmodelle der Software-Entwicklung, aber auch allgemein der Umsetzung von Projekten. Das Wasserfallmodell hat aber bekanntermaßen viele Schwächen, vor allem ist es unrealistisch anzunehmen, dass, nachdem etwa die Planungsphase abgeschlossen ist, wirklich keine Änderungen der Feinspezifikation stattfinden. Bei der konkreten Umsetzung des Projektes wird immer an einigen Punkten der Planung Korrektur- oder Ergänzungsbedarf bestehen, eine Aufgabe für das Change-Management im Vertrag. Für den Kunden gilt zudem häufig, dass der Appetit beim Essen kommt: Oft werden noch spät in der Umsetzungsphase Wünsche geäußert, von denen ursprünglich gar nicht die Rede war.

Diesen Umständen trägt der Projektvertrag mit den Bestimmungen über Änderungen und Erweiterungen der Leistung Rechnung. Rein rechtlich betrachtet liegt in der Modifikation der Ergebnisse bereits abgeschlossener Leistungsphasen also eine Vertragsänderung. Zu den durchaus anspruchsvollen Problemen, die sich aus diesen Umständen ergeben, vgl. Punkt 5.11 der Erörterungen.

5.5.4 Weitere sinnvolle Regelungen

Der vorliegende Vertrag ist mit nur zwei (hier relevanten) Vertragsphasen recht einfach aufgebaut. Je nach Projekt können weitere Phasen auftauchen oder auch die einzelnen Phasen schon weiter unterteilt werden.

An die Einteilung in Phasen können eine Reihe von **Rechtsfolgen** geknüpft werden. Vor allem spezifische Vergütungsabreden oder Kündigungsrechte kommen in Betracht. So kann der Kunde ein Interesse haben, nach jeder Phase neu zu entscheiden, ob er den Vertrag mit dem bisherigen Dienstleister fortführen möchte oder ob er einen anderen Anbieter mit der Umsetzung beauftragen will. Umgekehrt kann der Dienstleister Interesse daran haben, dass bestimmte Vergütungsanteile mit Beginn einer neuen Phase fällig werden, weil er seinerseits etwa Nutzungsrechte für Standard-Software „einlizenzieren" muss, um mit der Umsetzung zu beginnen. Möglicherweise möchten auch beide Parteien die Zusammenarbeit beenden, wenn diese schwierig war oder das Vertrauensverhältnis zerrüttet ist.

Die Details sind bei den jeweiligen Abschnitten des Vertrages zu regeln.

5.6 Nutzungsrechte

5.6.1 Vertragstext

6. Nutzungsrechte, Lieferungen

6.1 Umfang des Nutzungsrechts

Dem Kunden wird ein ausschließliches, zeitlich und räumlich unbeschränktes, sachlich auf die vertraglichen Zwecke beschränktes Nutzungsrecht für den kundenspezifischen Teil des Systems eingeräumt. Das umfasst insbesondere das gesamte Frontend.

Am weiteren System wird dem Kunden ein einfaches, zeitlich und räumlich unbeschränktes, sachlich auf die vertraglichen Zwecke beschränktes Nutzungsrecht für das System eingeräumt.

6.2 Vorbehaltene Handlungen

Das Recht zur Weiterentwicklung oder sonstigen Bearbeitung wird dem Kunden für die kundenspezifischen Anpassungen des Systems eingeräumt, im Übrigen bleibt das Recht vorbehalten.

Eine Gebrauchsüberlassung des Systems an Dritte im Wege der Vermietung, des Verleihs o.ä. ist unzulässig. Gleiches gilt für die Einräumung weiterer Nutzungsrechte (Sub-Lizenzierung).

Die Rückübersetzung der Standard-Software in andere Code-Formen (Dekompilierung) sowie sonstige Arten der Rückerschließung der verschiedenen Herstellungsstufen (Reverse-Engineering) sind, soweit nicht die Voraussetzungen des § 69e UrhG vorliegen, unzulässig.

6.3 Art der Lieferung

Die Standard-Software wird dem Kunden im Objekt-, sonstige Software im Quell-Code geliefert. Die nachfolgend beschriebenen Rechte beziehen sich jeweils auf die geschuldete Code-Form.

6.4 Urhebernennung und ähnliches

Urhebervermerke, Seriennummern sowie sonstige der Programmidentifikation dienende Merkmale dürfen nicht entfernt oder verändert werden.

Der Kunde ist verpflichtet, den Dienstleister für die Nutzer des Frontends der Kundenseite sichtbar zu benennen. Die Einzelheiten regelt **Anlage 4**.

6.5 Updates, Upgrades etc.

Überlässt der Dienstleister dem Kunden im Rahmen von Nacherfüllung oder Pflege (im Rahmen eines gesonderten Vertrages) Ergänzungen (z.B. Patches, Workarounds) oder eine Neuauflage des Systems oder von Teilen davon (z.B. Updates, Upgrades), unterliegen diese den Bestimmungen dieser Vereinbarung, sofern keine andere Vereinbarung hierzu getroffen wird.

5.6.2 Allgemeiner Hintergrund

Im Rahmen von Projektverträgen im IT- und Medienbereich wie dem hier am Muster disku-tierten werden häufig Leistungen erbracht oder weitergegeben, die in verschiedener Weise Schutzrechten unterliegen. Die Rechtesituation ist daher eine der wichtigsten Regelungs-materien. Die Differenzierung in diesem Bereich, also die Frage, in welchem sachlichen, örtlichen und zeitlichem Umfang Rechte eingeräumt werden, erlaubt dem Dienstleister auch eine sehr feine Abstimmung der Preisstruktur. Dies zeigt sich gerade im vorliegenden Bei-spiel der Anpassung eines bereits vorhandenen Standardproduktes: Würde der Dienstleister nur nach Aufwand vergütet, wäre dieses Modell womöglich wenig einträglich oder jedenfalls zu teuer für den Kunden, der allein sämtliche Entwicklungskosten tragen müsste. Erst die Tatsache, dass das einmal erstellte System mehrfach verwendet werden kann, macht aus ihm ein Produkt, das praktisch beliebig reproduzierbar in der Weise ist, dass der Gewinnanteil mit steigender Anzahl der durchgeführten Projekte steigt. Es ermöglicht dem Dienstleister etwa, eine Lizenzgebühr für den Standardteil des Systems zu verlangen, nach Arbeitsauf-wand für die Anpassungsleistungen vergütet zu werden.

Betroffen von diesen Fragen sind im vorliegenden Fall möglicherweise für das Frontend der Portalseite Grafiken, Layouts und vielleicht auch Fotografien, für das Backend in jedem Fall Skripte und allgemein Code. Als weiteres Element kommen oft noch Datenbanken hinzu. Die Rechtesituation hinsichtlich all dieser Immaterialgüter regelt das Urheberrechtsgesetz. Dabei gelten aber teils unterschiedliche Regelungen, was wiederum in vielfältiger Weise Auswirkungen auf die Abwicklung des Projektvertrages hat. Grund genug also, sich die Situation kurz vor Augen zu führen.

5.6.2.1 Werke

Das Urheberrecht schützt, das sagt § 2 UrhG, zunächst nur **„Werke"** der Literatur, Wis-senschaft und Kunst. Was ein solches Werk sein kann, konkretisiert § 2 Abs. 1 UrhG näher. Unter anderem zählt er auf: Schriftwerke, Reden, Computer-Programme, Werke der Musik und der bildenden Künste, Filme, Zeichnungen, Pläne, Karten und Skizzen. Die Liste ist dabei keineswegs abschließend, sondern beispielhaft gedacht.

Ein solches Werk liegt aber nur dann vor, wenn eine „persönliche geistige Schöpfung" gegeben ist. Das ist der Fall, wenn folgende Voraussetzungen erfüllt sind:

- Das Werk muss eine **Form** haben, die Idee als solche ist nicht geschützt. Allerdings braucht das Werk nicht vollendet zu sein, auch die Entwurfs- und Zwischenfassungen sind geschützt, wenn sie schon Werkqualität besitzen.
- Das Werk muss eine von **Menschen** erstellte Schöpfung sein. Etwa ein von einem Computer erstelltes „Werk", zum Beispiel eine maschinelle Übersetzung, genügt dem nicht.
- Die Schöpfung muss geistiger Natur sein, einen **Gedanken**- oder **Gefühlsinhalt** ausdrücken.
- Das Werk muss eine gewisse **Schöpfungshöhe** aufweisen, das Ergebnis individuellen geistigen Schaffens sein. Es muss dazu über das reine handwerkliche, routinemä-

ßige Schaffen hinausgehen, darf nicht gänzlich trivial sein. Allerdings werden die Anforderungen hier nicht überspannt, auch das nicht überragende Werk ist unter dem Gesichtspunkt der sog. „kleinen Münze des Urheberrechtes" schutzfähig. Bei der Beurteilung dieses Punktes kommt es auf Kriterien wie Qualität, Verwertbarkeit und Umfang nicht an.

Urheber ist nach § 7 UrhG der „Schöpfer" des Werkes. Das ist immer eine natürliche Person. Anders als in vielen anderen Rechtssystemen, insbesondere etwa dem US-amerikanischen Recht, können hierzulande und in den meisten europäischen Ländern juristische Personen nicht Urheber sein. Das bringt insbesondere für den Dienstleister in unserem Projekt eine Reihe zu lösender Fragen mit sich, vgl. dazu unten 5.6.4.

5.6.2.1.1 Layouts, Texte, Grafiken, Musik, Lichtbildwerke

Als solch urheberrechtlich relevantes Werk kommt im Fall des Frontends der zu erstellenden Portalseite vor allem das Layout der Seite in Betracht. Darüber hinaus natürlich auch der **Content** in Form von Texten, Grafiken, Musik, Fotografien etc. Dieser wird im vorliegenden Beispielprojekt allerdings nicht vom Dienstleister erstellt, sondern später vom Kunden, dessen weiteren Dienstleistern oder den Nutzern der Seite selbst. Aber dies kann sich natürlich in anderen Fällen auch ganz anders darstellen.

Gerade beim Layout einer **Internetseite** stellt sich übrigens häufig die Frage, ob dieses Werkqualität erreicht oder doch nur eine verbreitete und allgemein übliche Gestaltung darstellt. In den – wenigen – bisher entschiedenen Fällen waren die Gerichte in diesen Punkten eher skeptisch und verneinten die Schutzfähigkeit.

> Tipp: Die Parteien des Projektvertrages sollten in einem solchen Fall „der Vorsicht halber" davon ausgehen, dass in der Tat eine schutzfähige Gestaltung vorliegt und die Übertragung der Rechte auch entsprechend vornehmen. Besser man hat hier unnötigerweise Rechte eingeräumt, obwohl eine schutzfähige Gestaltung nach dem Urheberrecht gar nicht vorliegt, als umgekehrt, die Frage der Rechte-Einräumung bei einer Gestaltung offen gelassen, obwohl Werkqualität nach dem Urheberrecht erreicht wird.
>
> In solchen Grenzfällen sollte der Vertrag aber explizit bestimmen, dass die Leistung nicht notwendigerweise schutzrechtsfähig geschuldet wird. Anderenfalls könnte Streit darüber entstehen, ob der Vertag gehörig erfüllt wurde, wenn zwar „zur Sicherheit" eine Rechte-Einräumung vorgenommen wird, diese aber in Ansehung der erbrachten Leistung ins Leere geht.

Die Frage stellt sich sehr viel weniger bei **Fotografien**. Diese müssen zwar auch Werkqualität und damit insbesondere Schöpfungshöhe aufweisen, wenn sie „richtig" urheberrechtlich geschützt sein sollen. Das Urheberrechtsgesetz regelt aber nicht allein Urheberrechte an Werken. Es widmet sich auch den so genannten „verwandten Schutzrechten". Und ein solches findet sich in § 72 UrhG auch für die Lichtbilder. Lichtbilder sind, salopp gesagt, solche Fotos, bei denen es nicht zum Lichtbildwerk „reicht", die als Allerweltsbild nicht die erforderliche Schöpfungshöhe aufweisen.

Für diese gelten die Regeln über den Schutz der Lichtbildwerke entsprechend, sie sind also ebenfalls geschützt. Unterschiede bestehen aber im Detail. Zum einen endet der Schutz des Lichtbilds 50 Jahre nach dem Erscheinen, § 72 Abs. 3 UrhG. Beim Lichtbildwerk gelten dagegen die allgemeinen Schutzfristen: Das Recht erlischt erst 70 Jahre nach dem Tod des Urhebers, § 64 UrhG. Zum anderen ist auch der Schutzumfang eines bloßen Lichtbildes geringer. Sowohl Lichtbild als auch das Lichtbildwerk sind natürlich gegen eine reine **Übernahme** geschützt, etwa das reine Kopieren. Anders kann das aber schon dann aussehen, wenn ein Bild nur neu nachgestellt wird, insbesondere, wenn auch dieselben Gestaltungsmittel wie in der Vorlage verwendet werden. Das kann bei einem Lichtbildwerk verboten sein, ist es bei einem reinen Lichtbild aber in der Regel nicht.

Texte sind als Sprachwerke urheberrechtlich geschützt, wenn sie die erforderliche Schöpfungshöhe aufweisen. Das wird bei kurzen Anleitungs- oder Werbetexten seltener der Fall sein als bei ausführlichen Texten mit individuellen Stil- und Gestaltungselementen.

Das Vorstehende gilt in entsprechender Weise auch für **Grafiken** und Audioelemente, angefangen von kurzen **Sounds** bis hin zu ganzen Musikstücken.

5.6.2.1.2 Computer-Programme

Computer-Programme unterliegen in jeder Form – gleich ob sie im Quell- oder Objektcode vorliegen – dem Schutz des Urheberrechtes. Auch sie müssen aber persönliche geistige Schöpfungen sein:

§ 69a UrhG - Gegenstand des Schutzes

(1) Computer-Programme im Sinne dieses Gesetzes sind Programme in jeder Gestalt, einschließlich des Entwurfsmaterials.

(2) Der gewährte Schutz gilt für alle Ausdrucksformen eines Computer-Programms. Ideen und Grundsätze, die einem Element eines Computer-Programms zugrunde liegen, einschließlich der den Schnittstellen zugrundeliegenden Ideen und Grundsätze, sind nicht geschützt.

(3) Computer-Programme werden geschützt, wenn sie individuelle Werke in dem Sinne darstellen, dass sie das Ergebnis der eigenen geistigen Schöpfung ihres Urhebers sind. Zur Bestimmung ihrer Schutzfähigkeit sind keine anderen Kriterien, insbesondere nicht qualitative oder ästhetische, anzuwenden.

Eine solche persönliche geistige Schöpfung wird aber bei Code von einigem Umfang und einiger Komplexität relativ schnell vorliegen. Nicht geschützt wird allerdings häufig das kleine Skript sein, das Routineaufgaben erledigt, wenn es in mehr oder weniger der gleichen Form von jedem Programmierer für die vorliegende Aufgabe eingesetzt werden würde.

5.6.2.1.3 Datenbanken

Im Rahmen von Projektverträgen werden sehr häufig – häufiger übrigens als dies den Parteien oft bewusst ist – Rechte an **Datenbanken** übertragen. Dabei ist es wichtig, den „juristischen" Begriff der Datenbank richtig zu verstehen, wie ihn § 87a UrhG definiert:

§ 87a UrhG - Begriffsbestimmungen

(1) Datenbank im Sinne dieses Gesetzes ist eine Sammlung von Werken, Daten oder anderen unabhängigen Elementen, die systematisch oder methodisch angeordnet und einzeln mit Hilfe elektronischer Mittel oder auf andere Weise zugänglich sind und deren Beschaffung, Überprüfung oder Darstellung eine nach Art oder Umfang wesentliche Investition erfordert. Eine in ihrem Inhalt nach Art oder Umfang wesentlich geänderte Datenbank gilt als neue Datenbank, sofern die Änderung eine nach Art oder Umfang wesentliche Investition erfordert. (...)

Dabei geht es also – anders als bei den vorgenannten Immaterialgütern - zunächst nicht um Schöpfungshöhe, sondern lediglich um eine **„wesentliche Investition"**. Das Gesetz trägt damit dem Umstand Rechnung, dass gerade im Bereich der Datenbanken auch aus der Sicht des Urheberrechts triviale Gestaltungen durchaus schützenswert sind. Die Arbeit mag keine Schöpfungshöhe aufweisen, hat aber dennoch hohen wirtschaftlichen Wert.

Die Rechte an der Datenbank stehen dem **Hersteller** der Datenbank zu. Das ist nach dem zweiten Absatz der gerade diskutierten Vorschrift des § 87a UrhG derjenige, der die Investitionen in die Datenbank vorgenommen hat:

(2) Datenbankhersteller im Sinne dieses Gesetzes ist derjenige, der die Investition im Sinne des Absatzes 1 vorgenommen hat.

Der Datenbankschutz ist dabei – anders als das allgemeine Urheberrecht – unternehmensbezogen:

§ 87b UrhG - Rechte des Datenbankherstellers

(1) Der Datenbankhersteller hat das ausschließliche Recht, die Datenbank insgesamt oder einen nach Art oder Umfang wesentlichen Teil der Datenbank zu vervielfältigen, zu verbreiten und öffentlich wiederzugeben. (...)

Datenbanken können allerdings im Einzelfall als Sammelwerke durchaus auch einen eigenen urheberrechtlichen Schutz genießen § 4 Abs. 2 UrhG. Dafür müssen sie die bereits diskutierte **Schöpfungshöhe** haben, was jedenfalls bei „technischen" Datenbanken eher selten der Fall ist. Liegt aber im Einzelfall ein solches so genanntes Datenbankwerk vor, finden die allgemeinen Regeln des Urheberrechtes Anwendung. Das Verhältnis von „einfacher" Datenbank nach den §§ 87a ff. UrhG zum Datenbankwerk lässt sich dabei ganz ähnlich verstehen wie das Verhältnis des bloßen Lichtbildes zum Lichtbildwerk.

5.6.2.2 Inhalt der Rechte

Die Rechte des Urhebers teilt das Gesetz in drei **Kategorien** ein. Zum einen stehen dem Urheber die vermögensrechtlich geprägten Verwertungsrechte am Werk zu, des Weiteren ist er aber auch Inhaber der Urheberpersönlichkeitsrechte. Das UrhG kennt zudem die – hier nicht weiter relevanten – so genannten sonstigen Rechte, die sich nicht klar den beiden anderen Kategorien zuordnen lassen.

Einige **Verwertungsrechte** führt das Gesetz in den §§ 15 ff. UrhG auf, etwa:

- Das Vervielfältigungsrecht, § 16 UrhG.
- Das Verbreitungsrecht, § 17 UrhG, mit der Befugnis, Originale oder Vervielfältigungsstücke des Werkes der Öffentlichkeit anzubieten und in Verkehr zu bringen.
- Das Ausstellungsrecht, § 18 UrhG.
- Die Wiedergaberechte, §§ 19-22 UrhG.

Der Katalog der Rechte ist dabei weder abschließend noch durch die technische Entwicklung der vergangenen Jahrzehnte sonderlich aktuell. Zusätzlich zu den aufgeführten Verwertungsrechten wird daher eine Reihe unbenannter Verwertungsrechte angenommen.

Neben diesen eher am Materiellen orientierten Rechten gibt es eine Reihe von urheberrechtlichen Aspekten, die dem Schutz der **ideellen Interessen** des Urhebers dienen, die Urheberpersönlichkeitsrechte. Solche Rechte statuiert das Gesetz insbesondere in den §§ 12 ff. UrhG, aber auch in weiteren Vorschriften:

- Der Urheber darf bestimmen, ob und wie sein Werk veröffentlicht wird, § 12 Abs. 1 UrhG.
- Der Urheber darf bestimmen, dass das Werk (gemeint sind auch Vervielfältigungen des Werkes) mit einer Urheberbezeichnung zu versehen ist, § 13 UrhG.
- Er darf Entstellungen und sonstige Beeinträchtigungen des Werkes verbieten, wenn diese berechtigte geistige oder persönliche Interessen am Werk beeinträchtigen, § 14 UrhG; er kann sogar – sofern nichts anderes vereinbart ist – auch einem Nutzungsrechtsinhaber verbieten, das Werk zu ändern, § 39 UrhG.
- Der Urheber kann einmal vergebene Nutzungsrechte wegen gewandelter Überzeugung zurückrufen, § 42 Abs. 1 UrhG.
- Beim Zitieren ist nach § 63 UrhG die Quelle anzugeben.

5.6.3 Urheberrechtliche Verträge

Sowohl die Verwertungsrechte als auch die Urheberpersönlichkeitsrechte stehen zunächst dem Urheber zu. Das ist aber der Werkschöpfer, eine natürliche Person. Es stellt sich mithin die Frage, wie der Dienstleister – in der Regel ja eine juristische Person – an diese gelangt und wie er sie seinerseits wieder ganz oder teilweise dem Kunden übertragen kann.

Nach deutschem Recht kann das Urheberrecht als solches unter Lebenden nicht übertragen werden. Erst nach dem Tod geht es auf die Erben über, § 28 UrhG. Allerdings kann der Urheber Dritten **Nutzungsrechte** an seinen urheberrechtlichen Verwertungsrechten einräumen. Das kann so weit gehen, dass ihm selbst praktisch keine eigenen Verwertungsrechte mehr bleiben.

Grundsätzlich gibt es zwei verschiedene Wege, um dem Kunden unter Geltung des UrhG Nutzungsrechte einzuräumen: über die sogenannte **Zweckübertragung** und über eine „ausdrückliche Bezeichnung" der betroffenen Nutzungsarten, der so genannten **Spezifizierung**. Die dazu interessierende Vorschrift ist § 31 UrhG:

> *§ 31 UrhG - Einräumung von Nutzungsrechten*
> *(...)*
> *(5) Sind bei der Einräumung eines Nutzungsrechts die Nutzungsarten nicht ausdrücklich einzeln bezeichnet, so bestimmt sich nach dem von beiden Partnern zugrunde gelegten Vertragszweck, auf welche Nutzungsarten es sich erstreckt. Entsprechendes gilt für die Frage, ob ein Nutzungsrecht eingeräumt wird, ob es sich um ein einfaches oder ausschließliches Nutzungsrecht handelt, wie weit Nutzungsrecht und Verbotsrecht reichen und welchen Einschränkungen das Nutzungsrecht unterliegt.*

Das klingt komplizierter als es ist. Es bedeutet zunächst, dass dann, wenn keine enumerative Regelung getroffen ist, im Zweifel die Rechte in dem Umfang übertragen werden, in dem dies erforderlich ist, um den **Zweck** des Vertrages zu erreichen. Es ist offensichtlich, dass hierzu klargestellt werden muss, was denn genau dieser Vertragszweck ist. Dies leisten die Regelungen unter Punkt 3 des Vertrages zum Vertragszweck sowie in der Präambel.

Wird für diese Klarstellung des Vertragszwecks ausreichend Sorge getragen, ist die Zweckübertragung allerdings eine sehr angenehme und wenig fehleranfällige Form der Rechteübertragung. Ganz im Gegensatz zur Spezifizierung. Bei dieser muss jede Nutzungsart und auch der Umfang der betreffenden Rechteübertragung einzeln aufgeführt werden. „Nutzungsart" meint dabei eine wirtschaftlich-technisch selbstständige, einheitliche und abgrenzbare Art und Weise der Nutzung eines Werkes. Der Maßstab ist die Verkehrsauffassung. Ein Nutzungsrecht gestattet die Auswertung eines Werkes auf eine oder mehrere (sogar alle: § 31 Abs. 1 Satz 1 UrhG) Nutzungsarten.

Nutzungsrechte können insbesondere

- **einfach oder ausschließlich** ausgestaltet sein. Ein ausschließliches Nutzungsrecht gibt dem Inhaber auch Ansprüche gegen Dritte und – je nach Parteivereinbarung, § 31 Ab. 3 Satz 2 UrhG – selbst gegen den Urheber, § 31 Abs. 3 Satz 1 UrhG. Bei einem einfachen Nutzungsrecht muss der Inhaber dagegen die Nutzung des Werkes durch Dritte, bzw. den Urheber selbst dulden,
- zeitlich beschränkt sein,
- räumlich beschränkt sein, etwa zur Nutzung nur in einem bestimmten Territorium,
- quantitativ beschränkt sein, etwa auf die Herstellung einer bestimmten Auflage,
- inhaltlich beschränkt sein.

Komplizierter ist die Lage bei den Urheberpersönlichkeitsrechten. Diese sind im Grundsatz nicht übertragbar. Allerdings kann der Urheber auf diese Rechte in bestimmtem Umfang verzichten und sich hierzu auch vertraglich verpflichten.

5.6.4 Herkunft der Rechte, Rechteketten

Der Dienstleister wird in der Regel eine **juristische Person** sein, etwa eine GmbH oder AG. Diese produziert als solche keine Urheberrechte, sie handelt ja erst durch Organe und Arbeitnehmer, freie Mitarbeiter etc. Zudem wird häufig der Dienstleister selbst Immaterialgüter und Rechte von seinen Sub-Unternehmern oder Zulieferern beziehen. Es werden in diesen Fällen also **Rechte** in einer Kette von Übertragungen weitergegeben.

Hier gelten folgende wichtige Grundregeln:

- Niemand kann mehr Rechte weitergeben als er selbst hat.
- Insbesondere gibt es keinen gutgläubigen Erwerb von Rechten.
- Die Kette ist nur so stark wie ihr schwächstes Glied.

Der Dienstleister ist also gehalten sich zu versichern, dass er die Rechte, die er an den Kunden weiter übertragen möchte, wirklich auch mit dem erforderlichen Inhalt innehat und weitergeben darf. Dabei reicht es oft nicht, den Vertrag mit dem Zulieferer zu prüfen, wenn dieser seinerseits die Rechte anderweitig bezieht. Auch diesbezüglich sind ggf. Erkundigungen sinnvoll.

Oft wird der Dienstleister die Immaterialgüter, an denen dem Kunden Rechte eingeräumt werden sollen, von **Arbeitnehmern** schaffen lassen.

Auch in diesen Fällen ist Urheber nicht der Dienstleister, sondern der tatsächliche, menschliche Schöpfer. Eine automatische Übertragung der Nutzungsrechte auf den Dienstleister findet nicht ohne weiteres statt. Stattdessen bestimmt § 43 UrhG, dass auch dem angestellten oder sonst dienstvertraglich gebundenen Urheber sämtliche aus dem Urheberrecht folgenden Rechtspositionen zustehen, soweit sich aus dem Inhalt des **Arbeits- oder Dienstverhältnisses** nichts anderes ergibt.

§ 43 UrhG - Urheber in Arbeits- oder Dienstverhältnissen
Die Vorschriften dieses Unterabschnitts sind auch anzuwenden, wenn der Urheber das Werk in Erfüllung seiner Verpflichtungen aus einem Arbeits- oder Dienstverhältnis geschaffen hat, soweit sich aus dem Inhalt oder dem Wesen des Arbeits- oder Dienstverhältnisses nichts anderes ergibt.

Ein solches „sich aus dem Wesen des Arbeits- oder Dienstverhältnisses ergeben" liegt dann vor, wenn der Arbeitnehmer vom Dienstleister gerade zum Zweck der Erstellung solcher Immaterialgüter beschäftigt und auch entlohnt wird. Man spricht hier von einem „Pflichtwerk" im Gegensatz zu einem „freien Werk". Die Unterscheidung, ob ein Pflichtwerk oder ein freies Werk vorliegt, richtet sich nach den Abreden der Parteien des Arbeitsvertrages über Art und Umfang der zu erbringenden Tätigkeit, nicht aber danach, ob das Werk gerade in der Arbeitszeit oder Freizeit geschaffen wurde.

Tipp: Es ist dem Dienstleister dringend zu raten, bei der Formulierung von Arbeitsverträgen besondere Aufmerksamkeit auf die Tätigkeitsbeschreibung zu legen. Möglicherweise verpflichtet er sich im Projektvertrag sonst dazu, dem Kunden Rechte zu übertragen, die er nach den geltenden Arbeitsverträgen von seinen Mitarbeitern gar nicht erhält.

Auch wenn ein Pflichtwerk unzweifelhaft vorliegt ist dennoch eine explizite Vereinbarung zur Rechteübertragung anzuraten: Es können immer noch Zweifel über deren Umfang entstehen, etwa ob auch die internationalen Verwertungsrechte übertragen werden.

Nach dem Wortlaut des § 43 UrhG scheint es, als ob auch die von **arbeitnehmerähnlichen**

Personen oder **freien Mitarbeitern** geschaffenen Werke unter die Regelung fallen würden, denn auch dieser Personenkreis wird in vielen Fällen im Rahmen eines Dienstvertrages tätig. Das ist aber nach einer in Rechtsprechung und Literatur stark vertretenen Meinung gerade nicht der Fall. Vielmehr gelten hier die allgemeinen Regeln, Art und Umfang der Rechteübertragung ergibt sich also aus Zweckübertragung oder Spezifikation.

Bei einigen in Projektverträgen relevanten, durch das Urheberrecht oder verwandte Rechte geschützten Immaterialgütern, hatte der Gesetzgeber allerdings ein Einsehen und Sondervorschriften im Gesetz verankert, die dem Arbeit- oder Auftraggeber – hier also dem Dienstleister – auch ohne vertragliche Klimmzüge Rechte sichern.

- Besonders relevant ist hier die Regelung in § 69b UrhG, die dem Arbeitgeber, dessen Arbeitnehmer (oder jedenfalls durch Dienstvertrag gebundene Personen) **Computer-Programme** schaffen, alle Verwertungsrechte an der erstellten Software ausschließlich einräumt.
- Eine vergleichbare Regelung, findet sich in § 87b Abs. 1 Satz 1 UrhG für den **Datenbankhersteller**. Dabei ist „Hersteller" nach § 87 a Abs. 2 derjenige, der die zur Erstellung der Datenbank erforderliche Investition tätigt, in der Regel also der Arbeitgeber.

Tipp: Auch in Fällen, in denen Software oder Datenbanken betroffen sind, empfehlen sich explizite Vereinbarungen im Vertrag mit Arbeitnehmern, Freien oder Zulieferern. Insbesondere sind so auch die urheberpersönlichkeitsrechtlichen Fragen zu regeln, etwa ob und ggf. wie Arbeitnehmer im oder am Werk zu nennen sind.

5.6.5 Zu den Regelungen im Einzelnen

In den Klauseln 6.1 und 6.2 wird der **Umfang des Nutzungsrechts** des Kunden definiert. Gleichzeitig macht der Dienstleister spiegelbildlich deutlich, welche urheberrechtlich relevanten Handlungen er sich vorbehält. Gerade bei letzterem Punkt geht die Regelung allerdings nicht über die gesetzliche Vorgabe hinaus, erfolgt also nur der Klarstellung halber. Inhaltlich wird zwischen dem Standardteil des Systems und den kundenspezifischen Anpassungen differenziert: An Letzteren ist das Nutzungsrecht ausschließlich. Der Dienstleister kann diese Systemteile also nicht an andere Kunden weitergeben. Das ist sachgerecht: Für diese Anpassungen zahlt der Kunde ja gesondert. Umgekehrt muss aus Sicht des Dienstleisters das Recht des Kunden zur Nutzung des Standardteils des System ein einfaches sein: Der Dienstleister will die Standardkomponenten auch anderen Kunden überlassen, der mehrfache Einsatz dieser Komponenten macht sein Geschäftsmodell überhaupt erst möglich.

In jedem Fall muss den Parteien klar sein, welche Teile von welcher Regelung erfasst werden sollen, der Standardteil des Systems muss sich in der Praxis also klar von den kundenspezifischen Anpassungen unterscheiden lassen.

Als weitere Regelung kann es sich in vielen Fällen als sinnvoll erweisen, die Nutzungsrechte erst bei vollständiger Zahlung der vertraglichen Entgelte zu übertragen, in der Sache also eine Art **„virtuellen Eigentumsvorbehalt"** vorzusehen. So behält der Dienstleister ein Druckmittel gegenüber dem Kunden. Die Konstruktion wird freilich dadurch erschwert, dass in vielen Projekten – so auch dem Musterprojekt – keine fixe Zahlung, sondern Vergütung nach Aufwand vorgesehen ist. Ferner soll der Kunde meist bereits vor vollständiger Zahlung berechtigt sein, die Projektleistungen zu Testzwecken oder sogar im Echtbetrieb (der durchaus ja sogar der Abnahme vorgeschaltet sein kann, vgl. unten 5.9.4) zu nutzen. Probleme kann in diesen Fällen zuletzt die Aktivierung der Lizenzgebühr in der Bilanz machen. All diesen Punkten muss Rechnung getragen werden.

Der vierte Abschnitt der Musterregelung beschäftigt sich – im weiteren Sinn – mit Fragen des **Urheberpersönlichkeitsrechtes,** bzw. vergleichbaren Fragen. Vergleichbar deshalb, weil der Dienstleister bei der vorliegenden Vertragsgestaltung durchaus auch eine juristische Person sein kann, der selbst keine persönlichkeitsrechtlichen Befugnisse zustehen. Er kann aber durchaus aus dem Innenverhältnis zu seinen Subunternehmern, Arbeitnehmern, freien Mitarbeitern oder sonstigen Zulieferern verpflichtet sein, deren urheberpersönlichkeitsrechtliche Befugnisse wahrzunehmen und als vertragliche Verpflichtungen an den Kunden weiterzugeben. Ähnliche Verpflichtungen können sich freilich auch aus lizenzrechtlichen Gesichtspunkten ergeben, etwa aus den Nutzungsrechtsbestimmungen eines zugekauften Software-Teils, die ihrerseits Nennung dessen Herstellers fordern.

Wenn der Kunde verpflichtet wird, den Dienstleister sichtbar zu benennen, dann stehen hinter diesem Punkt in der Regel natürlich auch handfeste kommerzielle Interessen: Auf diese Weise kann der Dienstleister seinen Namen oder seine Marke stärken.

Im letzten Abschnitt des Mustertextes wird nur die Selbstverständlichkeit klargestellt, dass – wenn keine abweichende anderweitige Regelung getroffen wird – auch Patches, Updates, Upgrades, neue Releases etc. des vertragsgegenständlichen Systems, die dem Kunden überlassen werden, den vereinbarten Regelungen zu den Nutzungsrechten unterliegen.

5.6.6 Exkurs: Open Source und freie Software im Projekt

In immer größerem Umfang wird in IT- und Internetprojekten auf **Open Source** oder freie Software zurückgegriffen. Unter freier Software werden dabei im Allgemeinen solche Programme verstanden, die nicht nur kostenlos erworben werden können, sondern vor allem auch frei benutzt, verändert, mit weiterer Software verbunden und weitergegeben werden dürfen. Im Gegensatz dazu unterliegt Open Source Software, die häufig auch kostenlos erhältlich ist, durchaus teils recht restriktiven **Lizenzbeschränkungen**. Die Urheber der Programme wollen nicht auf Rechte verzichten, sondern im Gegenteil, gerade mit Mitteln des Urheberrechts die Nutzer von Open Source Software zwingen, Veränderungen und Verbesserungen an den überlassenen Programmen wieder als Open Source weiterzugeben. Teilweise werden die Begriffe aber auch synonym verwendet.

In Projekten finden diese Erscheinungsformen von Software vor allem deshalb Verwendung, weil dies sowohl für den Auftraggeber als auch für den Auftragnehmer eine ganze Reihe von Vorteilen bietet:

- Die Software ist **kostenfrei** zu beschaffen.
- Für viele Anwendungsgebiete existieren **fertige Lösungen**, die nur noch an spezifische Kundenbedürfnisse angepasst werden müssen oder auf denen jedenfalls aufgebaut werden kann.

- Die Software ist teilweise von sehr hoher **Qualität**.
- Durch die rege Tätigkeit der Free-Software- bzw. Open-Source-Community sind **Hilfe** und Support leicht zu erlangen, die Programme werden häufig konstant gepflegt, weiterentwickelt und an neue Bedürfnisse angepasst.

Dem stehen aber auch Nachteile und Risiken gegenüber, die wohl bedacht werden wollen. Sie betreffen ebenso wie die Vorteile beide Vertragsparteien.

Ist eine vom Dienstleister erbrachte Projektleistung mangelhaft, so wird der Kunde den Dienstleister auf **Mangelhaftung** in Anspruch nehmen. Geht die Mangelhaftigkeit der Leistung auf eine vom Dienstleister selbst zugekaufte oder durch ein Projekt mit Subunternehmern erstellte Software zurück, so wird der Dienstleister versuchen, „in der Kette" bei seinen Lieferanten oder Subunternehmern Regress zu nehmen. Nutzt er aber Freie oder Open Source Software als Basis für seine Leistung, so ist dies in aller Regel nicht möglich. Zum einen schließen viele Open Source Lizenzen jegliche Gewährleistung aus. Dabei ist die Wirksamkeit solcher Ausschlüsse durchaus im Einzelfall strittig, häufig wird man sie ablehnen müssen. Selbst wenn man aber grundsätzlich zur Möglichkeit eines Regresses käme, stellt sich häufig das Problem, dass schlicht niemand da ist, gegen den irgendwelche Ansprüche geltend gemacht werden könnten: Die Software wird in aller Regel von Projektgruppen mit wechselnder Besetzung oder von über die ganze Welt verstreuten Einzelpersonen entwickelt.

Beim Einsatz von Freier oder Open Source Software muss auch der Formulierung der **Rechteinräumung** im Projektvertrag besondere Beachtung geschenkt werden.

Denn Open Source Software soll - das ist eines der Ziele der Bewegung - nur unter bestimmten Bedingungen und mit verschiedenen Maßgaben benutzt und verwendet werden dürfen. Zur Sicherung dieses Grundgedankens wird Open Source Software unter Geltung verschiedener Lizenzmodelle verbreitet, unter denen die GNU Public License (GPL[4]) die wohl bekannteste ist. Diese beinhaltet als wichtige Punkte:

- Freie **Weitergabe** der Open Source Software ohne Lizenzabgaben. Das heißt freilich nicht, dass nicht für das Anfertigen von Vervielfältigungsstücken und ähnliche Leistungen Entgelte verlangt werden können.
- Zurverfügungstellung des **Quell-Codes**.
- Gestattung von **Veränderungen** an den überlassenen Programmen, diese müssen aber gekennzeichnet werden.
- Die Weitergabe der ursprünglichen, veränderten oder von auf der Open Source Software basierenden Programme darf nur unter Beibehaltung der entsprechenden Lizenzbedingungen erfolgen. Dies wird auch als **„viraler Effekt"** der GPL bezeichnet.

Ganz offensichtlich kollidieren diese Bestimmungen in vielen Fällen mit den Vorstellungen, die vor allem der Kunde mit seinem Projekt verbindet. Vor allem dürfte diesem in der Regel nicht daran gelegen sein, dass Leistungen, die auf unter der GPL veröffentlichter Open Source Software basieren, selbst dieser Lizenz wieder unterfallen und damit im Source Code veröffentlicht werden müssen. Gleichzeitig kann aber der Dienstleister, der die Software ja selbst nur unter Geltung der GPL nutzen kann, nicht mehr Rechte weitergeben, als er selbst hat. Er darf sich also nicht zur Übertragung ausschließlicher Nutzungsrechte verpflichten: Dem könnte er gar nicht gerecht werden.

---

[4] Die GPL ist in der offiziellen Version 2.0 auf englischer Sprache unter der URL http://www.gnu.org/licenses/gpl.html abrufbar. Eine inoffizielle deutsche Übersetzung der GPL findet sich unter der URL http://www.gnu.de/gpl-ger.html. Derzeit wird über die Version 3.0 der GPL diskutiert.

5.7 Mitwirkung, Beistellungen

5.7.1 Vertragstext

7. Mitwirkung, Beistellungen

Die Parteien sind sich einig, dass der Erfolg dieses Vertrages wesentlich von der Mitwirkung des Kunden abhängt. Sämtliche Mitwirkungsleistungen und Beistellungen werden durch den Kunden daher als Hauptleistungspflichten erbracht.

Der Kunde wird die in **Anlage 4** festgelegten und sonstigen erforderlichen und zweckdienlichen Mitwirkungsleistungen und Beistellung ordnungsgemäß erbringen. Soweit weitere erforderliche oder zweckdienliche Mitwirkungsleistungen und Beistellungen nach Ansicht vom Dienstleister benötigt werden, wird der Dienstleister diese jeweils vom Kunden schriftlich oder in den Projektsitzungen anfordern.

Die Mitwirkungsleistungen umfassen insbesondere:

- Alle benötigten oder zweckdienlichen angeforderten Unterlagen und Informationen sind vollständig vorzulegen.
- Der Kunde wird dafür Sorge tragen, dass sachkundige Auskunftspersonen kurzfristig verfügbar sind und die benötigten oder zweckdienlichen Auskünfte vollständig erteilt werden.
- Entscheidungen über projektrelevante Fragen sind rechtzeitig und bedarfsgerecht herbeizuführen.
- Der Kunde wird dem Dienstleister Arbeits- und Besprechungsräume, benötigte Arbeitmittel sowie Zugang zu gängigen Kommunikationsmitteln (Telefon, Fax und Internet) bereitstellen.
- Zur Installation der Software ist der Kunde verpflichtet, die hierfür benötigte Hardware gemäß **Anlage 5** bereitzustellen und gegebenenfalls für den benötigten Zeitraum andere Arbeiten mit der Computer-Anlage einzustellen.
- Auf Wunsch des Dienstleisters gestattet der Kunde dem Dienstleister den Zugriff auf die Software mittels Telekommunikation. Die hierfür erforderlichen Verbindungen stellt der Kunde nach Anweisung des Dienstleisters her.

Mitwirkungsleisten und Beistellungen des Kunden erfolgen kostenfrei für den Dienstleister. Kann der Dienstleister Leistungen wegen fehlender Mitwirkungsleistungen oder Beistellungen nicht oder nur mit Mehraufwendungen erbringen, ist der Dienstleister berechtigt, Mehraufwendungen gegenüber dem Kunden geltend zu machen.

5.7.2 Allgemeiner Hintergrund

Mit einem Projektvertrag binden sich beide Parteien in sehr komplexer Weise für längere Zeit aneinander. Anders als bei typischen Austauschverträgen ist es dabei nicht so, dass der Kunde seine Pflichten im Wesentlichen mit einer Geldzahlung erfüllt und es allein am Auftragnehmer ist, die vertragsgegenständlichen Leistungen in alleiniger Verantwortung zu erbringen. Vielmehr wird der Dienstleister bei hinreichend komplexen Projekten hierzu ohne umfangreiche **Mitwirkung** des Kunden gar nicht in der Lage sein.

Diesem Gedanken trägt bereits das Gesetz teilweise Rechnung. So ist insbesondere der - siehe oben unter Punkt 2.2 - häufig einschlägige Vertragstyp des Werkvertrages schon von vornherein als **kooperativer Vertrag** ausgestaltet. Nach den §§ 642 und 643 BGB kann der Dienstleister ("Unternehmer") eine angemessene Entschädigung verlangen, wenn der Kunde Mitwirkungspflichten nicht nachkommt, nach Fristsetzung auch kündigen:

§ 642 BGB - Mitwirkung des Bestellers
(1) Ist bei der Herstellung des Werkes eine Handlung des Bestellers erforderlich, so kann der Unternehmer, wenn der Besteller durch das Unterlassen der Handlung in Verzug der Annahme kommt, eine angemessene Entschädigung verlangen. (...)

§ 643 BGB - Kündigung bei unterlassener Mitwirkung
Der Unternehmer ist im Falle des § 642 berechtigt, dem Besteller zur Nachholung der Handlung eine angemessene Frist mit der Erklärung zu bestimmen, dass er den Vertrag kündige, wenn die Handlung nicht bis zum Ablauf der Frist vorgenommen werde. Der Vertrag gilt als aufgehoben, wenn nicht die Nachholung bis zum Ablauf der Frist erfolgt.

Auch im Fall des Vorliegens eines Werklieferungsvertrages über eine „unvertretbare bewegliche Sache" bleiben diese Regelungen nach § 645 BGB anwendbar, § 651 Abs. 1 Satz 3 BGB.

Bei anderen Vertragstypen, wie sie in einem Projektvertrag wenigstens Teilleistungen betreffend Anwendung finden könnten, sind ähnliche Regelungen aber nicht vorgesehen. Zudem kann naturgemäß das Gesetz zwar noch recht gut regeln, was geschieht, wenn Mitwirkungsleistungen nicht erbracht werden. Es kann aber nicht festlegen, welche konkreten Mitwirkungsleistungen geschuldet sind. Hier ist also der Projektvertrag gefordert.

Die gesetzliche Regelung sieht die Mitwirkungspflichten in aller Regel als so genannte **Obliegenheiten** des Kunden. Das bedeutet, dass der Dienstleister die Erfüllung der Obliegenheit nicht einklagen kann, der Kunde allerdings bei Nichtvornahme Rechtsnachteile erleidet, insbesondere in Annahmeverzug nach § 293, 295 S. 2 BGB geraten kann:

§ 293 BGB - Annahmeverzug
Der Gläubiger kommt in Verzug, wenn er die ihm angebotene Leistung nicht annimmt.

§ 295 BGB - Wörtliches Angebot
Ein wörtliches Angebot des Schuldners genügt, wenn der Gläubiger ihm erklärt hat, dass er die Leistung nicht annehmen werde, oder wenn zur Bewirkung der Leistung eine Handlung des Gläubigers erforderlich ist, insbesondere wenn der Gläubiger die geschuldete Sache abzuholen hat. Dem Angebot der Leistung steht die Aufforderung an den Gläubiger gleich, die erforderliche Handlung vorzunehmen.

Im Annahmeverzug des Kunden gerät der Dienstleister selbst nicht in Verzug und es verringert sich insbesondere sein **Haftungsmaßstab**:

§ 300 BGB - Wirkungen des Gläubigerverzugs
(1) Der Schuldner hat während des Verzugs des Gläubigers nur Vorsatz und grobe Fahrlässigkeit zu vertreten. (...)

Will der Dienstleister sich auf mangelnde Mitwirkung des Kunden berufen, so muss er ihn in jedem Fall zuvor zur Mitwirkung **auffordern**. Hierzu sind die im Vertrag, insbesondere in den Regelungen über die Projektorganisation vorgesehenen Kommunikationswege zu nutzen. Inhaltlich ist die Aufforderung möglichst konkret und für den Kunden nachvollziehbar zu gestalten.

Tipp: Es ist Sache des Dienstleisters, seine Rechte (nachweisbar!) geltend zu machen. Dies ist eine Frage der richtigen internen Organisation und des eigenen Vertrags-Managements. Vergeben Sie an dieser Stelle als Dienstleister keine Chancen!

5.7.3   Zu den Regelungen im Einzelnen

Die Regelungen des Mustertextes stellen zunächst noch einmal präambelartig die Wichtigkeit der Mitwirkungs- und Beistellleistungen fest und erheben sie nachfolgend von bloßen Obliegenheiten zu **Hauptleistungspflichten**. In seltenen Ausnahmefällen kann sich dies sogar ohne gesonderte Regelung ergeben, hierauf sollte aber nicht vertraut werden. Besteht eine „echte" Mitwirkungspflicht, so kann auch der Kunde in Verzug kommen und ggf. bei mangelnder Pflichterfüllung nach §§ 280, 286 BGB dem Dienstleister Schadenersatz schulden. Ferner ergeben sich zugunsten des Dienstleisters ggf. die gesetzlichen Rücktritts- und weiteren Schadenersatzrechte. Die Qualifizierung der Mitwirkungs- und Beistellleistungen als Hauptpflichten sollte daher wohlbedacht eingesetzt werden: Sie verschiebt das „Machtverhältnis" im Vertrag recht weit zugunsten des Dienstleisters und ist gerade aus diesem Grund auch nur sehr eingeschränkt in AGB möglich.

Nachfolgend wird auf eine Anlage verwiesen, in der im konkreten Fall erforderliche und zweckdienliche Mitwirkungs- und Beistellleistungen näher spezifiziert werden. Diese Aufzählung wird aber in aller Regel nicht abschließend sein können. Dem Dienstleister soll es daher unbenommen bleiben, weitere Leistungen vom Kunden anzufordern. Da vorliegend die Mitwirkungsleistungen und Beistellungen zu Hauptpflichten des Kunden erklärt werden kann es nahe liegen, für Erweiterungen dieses Pflichtenkreises das vertraglich vorgesehene **Änderungsverfahren** (vgl. unter 5.11) vorzusehen.

Nachfolgend sind im Vertragsmuster einige typische Mitwirkungs- und Beistellleistungen exemplarisch bereits im Vertragstext selbst aufgezählt. Dies ist eher ein Tribut an die Plastizität der Darstellung innerhalb dieses iBusiness-Leitfadens als Notwendigkeit; die Liste könnte sich auch in der referenzierten Anlage finden.

Es folgt weiter die Feststellung, dass die Mitwirkungsleistungen und Beistellungen durch den Kunden **kostenfrei** erfolgen. Das erscheint selbstverständlich. Gerade in der Krise des

Projekts wird aber häufig versucht, aus Mitwirkungsleistungen (insbesondere solchen, bei denen der Kunde zu Recht oder Unrecht meint, er sei zu ihnen gar nicht verpflichtet gewesen) Forderungen zu konstruieren, diese Leistungen „in Rechnung zu stellen". Im Nachgang wird dann oft erklärt, mit solchen Forderungen gegen die Entgeltforderungen des Dienstleisters aufzurechnen. Folge ist die weitere Eskalation des Streits.

Zuletzt stellt die Regelung klar, dass der Dienstleister berechtigt sein soll, **Mehraufwände**, die aus der mangelnden Mitwirkung des Kunden resultieren, diesem gegenüber geltend zu machen. Die Regelung geht dabei nicht über die gesetzliche Vorgabe des § 642 BGB hinaus.

5.8 Ersteinweisung

5.8.1 Vertragstext

8. Ersteinweisung

Nach Implementierung des Systems wird der Dienstleister bis zu fünf (5) Mitarbeiter des Kunden in die Benutzung des Systems einweisen. Die Einweisung erfolgt in den Geschäftsräumen des Kunden und umfasst maximal dreißig (30) Zeitstunden.

Auf Wunsch des Kunden wird der Dienstleister die Einweisung wiederholen oder intensivieren. Die zusätzliche Einweisungszeit ist gesondert nach Zeitaufwand zu vergüten.

5.8.2 Allgemeiner Hintergrund

Die Ergebnisse von Projektverträgen sind in aller Regel komplex. Ohne zumindest eine überblicksartige Einweisung in die Funktion des Systems wird der Kunde oft nicht einmal in der Lage sein, die Leistung auf Abnahmefähigkeit zu prüfen. Eine Pflicht zur Einweisung wird sich daher oft bereits als allgemeine vertragliche Nebenpflicht ergeben; eine Konkretisierung im Projektvertrag ist freilich sinnvoll.

5.8.3 Zu den Regelungen im Einzelnen

Die vorliegende Regelung ist sehr einfach gehalten. Es wird im Wesentlichen nur bestimmt, dass eine Einweisung in das System für bis zu fünf Mitarbeiter über bis zu 30 Zeitstunden stattfindet. Wird weitere Einweisung oder Schulung gewünscht, so ist dies gesondert zu vereinbaren und zu vergüten.

Diese Basisregelung kann völlig ausreichend sein, wenn das Projekt von einfacher bis mittlerer Komplexität ist und die Bedienung des Systems aus der mitgelieferten Dokumentation ersichtlich ist. Dann geht es im Wesentlichen darum, dem Kunden einen „Einstieg" zu liefern und Berührungsängste bei den Mitarbeitern des Kunden abzubauen. Die Lage kann sich allerdings ganz anders darstellen, wenn das gelieferte System sehr komplex, sehr erklärungsbedürftig, sehr neu in seiner Art, sehr abweichend von etablierten Standards beschaffen ist. Hier ist die Einweisung entsprechend intensiver auszugestalten. Mit der erhöhten Wichtigkeit dieser Leistung geht in der Regel auch ein gesteigertes Regelungsbedürfnis einher.

Hier liegt es nahe, zunächst die Regelung in vorliegendem Vertrag detaillierter zu gestalten. Ergebnis dieser Arbeit wird in der Regel eine genauere Beschreibung der im Rahmen der Einweisung zu erbringenden Leistungen sein. Wird dies zu umfangreich oder zu „technisch", kann auch dazu übergegangen werden, eine eigene Anlage im vorliegenden Vertrag vorzusehen, in der die Details der Einweisung geregelt werden. In diesen Fällen wird man aber häufig von einem echten Schulungsprogramm sprechen müssen, das über eine einfache Einweisung weit hinausgeht.

5.8.4 Weitere sinnvolle Regelungsmöglichkeiten

Häufig genügt eine einfache Einweisung in das System nicht. Vielmehr soll dem Kunden ermöglicht werden, nicht nur punktuell sondern auch später fortlaufend **Schulungen** in Anspruch zu nehmen. Da diese über die technische Realisierung des Projektes als solchem zeitlich hinausreichen werden, sollte hier ein eigener Schulungsvertrag abgeschlossen werden.

Ein solcher Vertrag kann – das bietet sich aufgrund der thematischen Zusammengehörigkeit an – auch sonstigen **Support** oder die Einrichtung eines Help-Desks o.Ä. regeln.

5.9 Abnahme der Leistungen

5.9.1 Vertragstext

9. Abnahme der Leistungen

9.1 Planungsphase
Nach Abschluss der Planungsphase erfolgt die Abnahme des Pflichtenhefts durch den Kunden. Der Kunde prüft dabei auf Anwenderebene die Vollständigkeit und Durchführbarkeit.

9.2 Ausführungsphase
Die Abnahme des Systems erfolgt nach dessen Implementierung auf der Hardware des Kunden, der Lieferung der zum System gehörenden Dokumentation sowie der Ersteinweisung, unabhängig von der produktiven Datenübernahme durch den Kunden.

9.3 Abnahmekriterien
Der Kunde ist zur Abnahme verpflichtet, wenn das System vertragsgemäß geliefert, angepasst und implementiert wurde. Die Abnahme ist durch den Kunden schriftlich zu erklären.
Die Abnahme darf nicht wegen unerheblicher Mängel verweigert werden. Gegebenenfalls festgestellte kleinere Mängel sind in der Abnahmeerklärung festzuhalten.
Die Abnahmetests im Einzelnen sind in der **Anlage 7** definiert. Auf Verlangen des Kunden ist für einen Abnahmetest vom Kunden bereitgestellter Test-Content zu verwenden sowie bestimmte Arten zusätzlicher Tests durchzuführen, die der Kunde für notwendig halten darf, um das Programm praxisnah zu prüfen.

9.4 Fristsetzung

Nimmt der Kunde eine Leistung nicht ab, obwohl er dazu verpflichtet ist, kann der Dienstleister eine angemessene Frist von mindestens zwanzig (20) Werktagen setzen, nach deren Ablauf die Leistung als abgenommen gilt. Der Dienstleister wird den Kunden auf diese Rechtsfolge bei Fristsetzung hinweisen.

5.9.2 Allgemeiner Hintergrund

Der Werkvertrag des BGB verpflichtet den Kunden zur Abnahme des vereinbarungsgemäß erstellten Werkes. „Abnahme" meint dabei die Hinnahme verbunden mit der Billigung des Werkes als – jedenfalls im Wesentlichen – vertragsgemäße Leistung.

Die Abnahme hat eine Reihe von interessanten Rechtsfolgen.

Sie stellt zunächst eine Zäsur in der Vertragsabwicklung dar. Vor der Abnahme hat der Kunde das Recht, die **Erfüllung** des Vertrages zu fordern. Hat das Werk noch Mängel, sollte der Kunde dem Dienstleister eine Frist zur Fertigstellung setzen. Nach deren fruchtlosen Ablauf oder auch dann, wenn eine Leistung nicht oder eben nicht gemäß der vereinbarten Beschaffenheit zu einem bereits im Vertrag festgelegten Zeitpunkt erbracht wird, gerät der Dienstleister in Verzug.

Nach Abnahme konkretisiert sich der Herstellungsanspruch zum Anspruch auf **Mangelbeseitigung**. Ohne abweichende Regelung – die im Projektvertrag allerdings dringend anzuraten ist – wird die Vergütung erst mit Abnahme fällig. Mit Abnahme geht zudem die Gefahr auf den Kunden über. Ferner ändert sich die Beweislast: Der Kunde muss nun ggf. darlegen und beweisen, dass ein Mangel vorliegt, während zuvor der Dienstleister darlegen und beweisen musste, dass er den Vertrag gehörig erfüllte.

Regelungsbedarf besteht im Projektvertrag trotz der gesetzlichen Vorgaben. Denn zum einen herrscht bei typischen Projektverträgen ja durchaus keine Klarheit, ob der Vertrag tatsächlich dem Werkvertragsrecht unterliegt. Speziell die Vorschriften über die Abnahme werden im Fall der Annahme eines Werklieferungsvertrages nach § 651 BGB für nicht anwendbar erklärt (vgl. i.E. oben unter Punkt 2.2). Vor allem aber ist auch die Vorschrift des § 640 BGB natürlich – das BGB regelt hier ja abstrakt alle Werkverträge – nur eine grobe Regelung, die viele **Detailfragen** offen lässt und insbesondere kein Abnahmeverfahren oder Abnahmetests vorsieht.

5.9.3 Zu den Regelungen im Einzelnen

Die vorgeschlagenen Regelungen unterscheiden in Punkt 8.1 und 8.2 zunächst zwischen der Abnahme des Pflichtenheftes als Abschluss der Planungsphase und später der Abnahme des Systems als Abschluss der Ausführungsphase. Diese Unterscheidung ist sinnvoll, denn es handelt sich vorliegend ja um einen mehrstufigen Vertrag. Insbesondere das Pflichtenheft ist die Basis für die konkrete Umsetzung des Projekts. Hier muss also Verbindlichkeit dieser Leistungsbeschreibung geschaffen werden.

Die Abnahme der fertigen Leistung kann der Kunde eigentlich erst dann vornehmen, wenn er das System zumindest bedienen kann. Die Musterregelung schlägt daher vor, dass

Voraussetzung für die Abnahme zudem die Lieferung der Dokumentation und die Ersteinweisung ist. Es wird umgekehrt aber klargestellt, dass ein Produktivbetrieb oder die Übernahme von Echtdaten nicht erforderlich ist.

Maßstab der Abnahme ist, ohne dass es hier einer besondern Regelung bedürfte, die Leistungsbeschreibung unter Berücksichtigung der während der Durchführung des Projekts vereinbarten Leistungsänderungen. Wie auch in der gesetzlichen Vorgabe soll im Musterprojekt die Abnahme nicht wegen unerheblicher Mängel verweigert werden können. Das heißt freilich nicht, dass diese Mängel nicht beseitigt werden müssten. Vielmehr sind hier die üblichen Regeln über die Mängelrechte einschlägig. In jedem Fall sind aber auch diese Mängel in der schriftlichen Abnahmeerklärung festzuhalten. Dies dient wieder der Streitvermeidung: Wird die Leistung trotz bekannter – auch unerheblicher – Mängel vorbehaltlos abgenommen, so wären diesbezüglich keine Mängelrechte mehr gegeben. Es gilt also, Klarheit zu schaffen.

Die Vorgabe des Gesetzes regelt nicht, **wie** im Einzelnen die Abnahme durchzuführen ist. Das kann es natürlich auch nicht, denn dazu sind die abzunehmenden Werke einfach zu verschieden. Es ist also an den Vertragsparteien, hier Abhilfe zu schaffen. Dabei sind ganz unterschiedliche Fälle denkbar.

So ist es durchaus möglich, dass die Abnahmetests sich bereits vor Projektbeginn genau beschreiben lassen, weil etwa letztlich doch ein recht standardisiertes und nur in Details anzupassendes System vorliegt. Dann kann die Liste der durchzuführenden Tests bereits dem Vertrag beigefügt werden. In anderen Fällen kann es sich anbieten, die Abnahmetests als Teil des Pflichtenheftes mit zu vereinbaren. Häufig kann auch in Betracht kommen, das System eine gewisse Zeit lang in einen standardisierten Test- oder gar Echtbetrieb zu nehmen. Zu letzter Variante siehe unten bei 5.9.4 im Detail. Aus der Kombination dieser Möglichkeiten können sich sehr komplexe Abnahmeszenarien ergeben, die etwa mit modulweisen Einzeltests beginnen, zu einem systemweiten Lastentest und schlussendlich zu einer Phase des Echtbetriebes führen.

Der Mustervertrag schlägt einen Mittelweg vor. So werden eine Reihe von **Standard-Testprozeduren** vereinbart, die bereits bei Vertragsschluss – also vor Erstellung des Pflichtenhefts – in einer Anlage festgehalten werden. Gleichzeitig wird aber eine Öffnung dahingehend vereinbart, dass der Kunde weitere Tests verlangen darf. Dies sind freilich nur solche, die er für notwendig halten darf, nicht beliebige, abwegige und langwierige Test. Dennoch liegt in einer solchen offenen Formulierung natürlich Potenzial für eine Verzögerung der Abnahme. Je genauer an dieser Stelle im konkreten Fall vereinbart werden kann, desto besser.

Zuletzt wird im Vertrag in Punkt 8.4 eine **Abnahmefiktion** vereinbart. Sind die Voraussetzungen für eine Abnahme gegeben und erklärt der Kunde diese dennoch nicht, so kann der Dienstleister eine Frist von mindestens 20 Werktagen setzen nach deren fruchtlosen Ablauf die Erklärung als erteilt gilt. Dieser Punkt lehnt sich an die Vorgabe des § 640 Abs.

1 Satz 3 BGB an, der eine vergleichbare Regelung vorsieht. Dem Dienstleister muss es auch bei mangelnder Kooperation des Kunden möglich sein, die Wirkungen der Abnahme herbeizuführen.

5.9.4 Weitere sinnvolle Regelungen

Je nach konkreter Ausgestaltung des Projekts können sich weitere Regelungen als sinnvoll erweisen.

Das kann etwa für **Teilabnahmen** gelten. Bereits der Vorschlag im Muster sieht eine Abnahme sowohl für das Ergebnis der Planungsphase als auch das der Ausführungsphase vor. Beide Phasen stellen in sich abgeschlossene Projektteile dar: Eine gesonderte Abnahme ihrer Resultate liegt daher nahe. Die Parteien haben es – jedenfalls wenn im Projektvertrag keine AGB vorliegen – aber in der Hand, die Abnahme auch von Teilleistungen zu regeln. Insbesondere die Abnahme einzelner fertiggestellter Module oder von wichtigen Projektschritten kann sinnvoll sein.

Zu beachten ist in diesen Fällen aber, dass sich bestimmte Fehler in der Konzeption oder Herstellung des Systems vielleicht gar nicht anhand einzelner Teilleistungen oder Module feststellen lassen, sondern sich erst in der Zusammenschau der Leistungen zeigen. In jedem Fall sollte bei der Abnahme von Teilleistungen daher auch geregelt werden, ab welchem Zeitpunkt die Verjährungsfrist für Mängel beginnen soll: Möglicherweise ist sachgerecht, dass dies erst der Zeitpunkt der Gesamtabnahme sein soll.

Häufig finden sich in Projektverträgen Regelungen dahingehend, dass die Abnahme dann erklärt wird, wenn die Projektleistung beim Auftraggeber nach einer definierten Zeit des **Echtbetriebs** störungsfrei eingesetzt werden kann. Vorteil dieser Lösung ist der offensichtliche Praxisbezug. Im Detail empfehlen sich hier aber einige besondere Regelungen.

Nicht immer wird der Kunde, wenn er das neue, unter dem Projektvertrag erstellte System bereits produktiv nutzt, parallel auch das Altsystem noch für dieselben Aufgaben verwenden: Hier wird es oft schlicht an den notwendigen Ressourcen fehlen. Es stellt sich daher die Frage, was geschehen soll, wenn die Arbeit mit dem neuen System abgebrochen werden muss oder Verzögerungen eintreten und dadurch Aufwände oder Schäden beim Kunden eintreten. Immerhin dient die Testphase sowohl der produktiven Arbeit als auch der Erprobung. Hier lässt sich keine pauschale Lösung ohne Ansehung des konkreten Projekts und der Parteien vorschlagen, vielmehr ist eine interessengerechte Lösung im Einzelfall zu finden.

Treten während des Prüfungszeitraums schwere Mängel auf, die erst umfangreich beseitigt werden müssen, ist bei komplexen Systemen immer eine Auswirkung dieser Eingriffe auf das Gesamtsystem denkbar. Zu regeln ist daher weiterhin, ob nach solchen Mangelbeseitigungen die vollständigen Abnahmetests neu vorgenommen werden und ob die Abnahmefrist wieder vollständig von vorn zu laufen beginnt oder ob sie während der Zeit der Beseitigung nur gehemmt war. Im Regelfall wird hier nach Art und Auswirkung der Mängel zu unterscheiden sein.

5.10 Leistungszeiten, Termine

5.10.1 Vertragstext

10. Leistungszeiten, Termine

10.1 Leistungszeiten
Der Dienstleister wird die Leistungen innerhalb der in Ziffer 5.2 (Planungsphase) und der **Anlage 3** (Umsetzungsphase) dieses Vertrages vereinbarten Zeiten erbringen. Der Kunde wird Mitwirkungsleistungen und Beistellungen entsprechend der Vereinbarungen dieses Vertrages erbringen.

10.2 Leistungsverzögerungen
Leistungsverzögerungen aufgrund von Umständen im Verantwortungsbereich des Kunden (z.B. nicht rechtzeitige Erbringung von Mitwirkungsleistungen) und höherer Gewalt (z. B. Streik, Aussperrung, allgemeine Störungen der Telekommunikation) hat der Dienstleister nicht zu vertreten. Sie berechtigen den Dienstleister, das Erbringen der betreffenden Leistungen um die Dauer der Behinderung zzgl. einer angemessenen Anlaufzeit hinauszuschieben. Der Dienstleister wird dem Kunden Leistungsverzögerungen unverzüglich anzeigen.

10.3 Nachfristen
Setzt die Geltendmachung von Rechten des Kunden die Setzung einer angemessenen Nachfrist voraus, so beträgt diese mindestens zwei (2) Wochen.

5.10.2 Allgemeiner Hintergrund

Die Regelung beschäftigt sich nicht originär mit der Frage, wann welche Leistungen im Projekt zu erbringen sind. Diese Fragen sollte – etwa in Gestalt eines Milestone-Plans oder einer detaillierten Aufstellung von Liefer- und Leistungsfristen mit allen relevanten Abhängigkeiten – das Pflichtenheft klären. Aufgabe des „juristischen Teils" des Vertrages ist es vor allem, die Folgen im Fall der Störung dieser Vorgaben zu regeln.

5.10.3 Zu den Regelungen im Einzelnen

Der erste Teil der Formulierung verweist lediglich auf die an anderer Stelle im Vertrag gefundenen Regelungen zu den Einzelheiten des zeitlichen Arrangements. Das betrifft Ziffer 5.2. für die Erstellung des Pflichtenheftes und nachfolgend dieses selbst, da es ja selbst den Zeitplan für seine eigene Umsetzung enthält

Punkt 10.2 beschäftigt sich mit **Leistungsverzögerungen** aus der Sphäre des Kunden und aufgrund höherer Gewalt.

Offensichtlich ist, dass dem Dienstleister kein Vorwurf dahingehend gemacht werden soll, er erbringe seine Leistung nicht fristgerecht, wenn dies gerade aufgrund eines Umstandes unterbleibt, der aus dem **Verantwortungsbereich** des Kunden stammt. Dies betrifft insbesondere die mangelnde Mitwirkung bei der Projektverwirklichung.

Aber auch im Fall von Behinderungen aufgrund höherer Gewalt steht das Stocken des Projekts außerhalb der Verantwortlichkeit des Dienstleisters.

Unter den Begriff der **höheren Gewalt** werden dabei betriebsfremde, von außen kommende Ereignisse gefasst, die unvorhersehbar, auch bei Anwendung der vernünftigerweise zu erwartenden Sorgfalt unvermeidbar und außergewöhnlich sind. Der Dienstleister kann sich dann nicht auf höhere Gewalt berufen, wenn ihm der Vorwurf gemacht werden kann, nicht genügend vorgesorgt zu haben. Das ist besonders dann der Fall, wenn ein Leistungshindernis abzusehen war und Gegenmaßnahmen hätten getroffen werden können, dies aber unterblieben ist.

Ereignisse höherer Gewalt sind in aller Regel vorübergehend. Ein Streik endet, Störungen werden behoben etc. Es ist daher dem Dienstleister zuzumuten, die Erfüllung seiner vertraglichen Pflichten nach dem Fortfall der betreffenden Umstände wieder aufzunehmen und mit entsprechend angepasster Terminierung nun zu leisten. Oftmals wird hierzu noch eine angemessene Rüstzeit benötigt werden, da nicht unmittelbar an der gleichen Stelle weitergearbeitet werden kann, an der beim Eintritt der höheren Gewalt aufgehört wurde. Dem dient die Vereinbarung der Anlaufzeit.

Der dritte Teil der Regelung beschäftigt sich mit **Nachfristen.** In einer Reihe von Situationen setzt die Wahrnehmung von Rechten durch den Kunden die erfolglose Setzung einer angemessenen Nachfrist voraus. Nach § 281 BGB kann der Kunde etwa Schadenersatz verlangen, soweit der Dienstleister fällige Leistungen nicht oder nicht wie geschuldet erbringt. § 323 BGB ermöglicht es dem Kunden, in diesem Fall vom Vertrag zurückzutreten. § 637 BGB erlaubt es dem Kunden beim Vorliegen eines Werkvertrages ggf. Mängel selbst zu beseitigen und die Kosten dem Dienstleister in Rechnung zu stellen.

Aufgrund der weitreichenden Rechtsfolgen besteht in all diesen Fällen ein vitales Interesse des Dienstleisters, die Nachfristen möglichst zu dehnen, jedenfalls aber berechenbar zu gestalten. Dies wird vorliegend dadurch erreicht, dass eine feste **Mindestfrist** für diese Fälle vorgegeben wird, im Vorschlag zwei Wochen. Welche Mindestfrist im konkreten Vorhaben angemessen ist, wird je nach Projektumfang und -komplexität völlig unterschiedlich sein.

Es ist darauf hinzuweisen, dass die Zweiwochenfrist nur die vertragliche **Untergrenze** bildet, die mindestens gewahrt sein muss. Im konkreten Fall kann die Frist durchaus länger zu bemessen sein.

5.11 Änderung der Leistungen, Erweiterungen des Leistungsumfangs

5.11.1 Vertragstext

11. Änderung der Leistung, Erweiterung des Leistungsumfangs

Beide Parteien sind nach Maßgabe nachfolgender Bestimmungen jederzeit dazu berechtigt, Änderungen der Ergänzungen des Leistungsumfanges des vorliegenden Vertrages zu verlangen. Es gilt das nachfolgend beschriebene Verfahren. Zuständig sind die jeweiligen Projektleiter.

11.1 Änderungsverlangen durch den Kunden

Ein Änderungsverlangen durch den Kunden stellt ein Angebot an den Dienstleister zur Prüfung der Durchführbarkeit der Änderung und der Auswirkungen der Änderungen auf den Gesamtvertrag dar.

Der Dienstleister wird die gewünschte Änderung im vorgenannten Sinn prüfen und den Kunden nach Abschluss der Prüfung schriftlich über das Ergebnis unterrichten.

Der Dienstleister wird den Kunden ebenfalls darüber informieren, ob durch die angeforderte Änderung der Leistungsinhalte solche Leistungen, die bis zur Einigung über ein Änderungsangebot erbracht werden, bei Realisierung der Änderungen noch wirtschaftlich sinnvoll genutzt werden können.

Ist das Änderungsverlangen umsetzbar und wünscht der Kunden in Ansehung der Berichte nach vorstehenden Absätzen die Änderung, wird der Dienstleister die Realisierung in einem Änderungsangebot unter Darstellung der Auswirkungen auf die Vergütung, die Leistungsinhalte und den Zeitplan schriftlich anbieten.

Die Prüfung des Änderungsverlangens und die Erstellung des Änderungsangebotes ist dem Dienstleister nach dessen üblichen Stundensätzen zu vergüten. Ist oder wird absehbar, dass der erforderliche Aufwand jeweils fünf (5) Stunden übersteigt, so teilt der Dienstleister dies dem Kunden unverzüglich mit. Leistungsfristen verlängern sich um die zur Prüfung des Änderungsverlangens und die Erstellung des Änderungsangebots erforderlichen Zeiten.

11.2 Änderungsverlangen durch den Dienstleister

Erkennt der Dienstleister, dass vereinbarte Leistungen ganz oder teilweise nicht realisierbar sind oder nicht zum vertraglichen Erfolg führen, wird der Dienstleister dies dem Kunden schriftlich mitteilen. Der Dienstleister wird unverzüglich, spätestens eine Woche nach Mitteilung der Änderungsnotwendigkeit, Realisierungsalternativen einschließlich der Auswirkungen auf das Gesamtvorhaben schriftlich mitteilen. Vorstehender Absatz (Punkt 11.1) gilt im Übrigen entsprechend.

11.3 Änderungsangebot

Der Kunde kann bis zur Einigung über ein Änderungsverlangen die teilweise oder vollständige Unterbrechung der Leistungserbringung fordern. Leistungsfristen verlängern sich um die Anzahl an Werktagen, an denen der Dienstleister die Leistungserbringung auf Verlangen des Kunden unterbricht.

Sofern das Änderungsverlangen nicht auf Umstände zurückgeht, die der Dienstleister zu vertreten hat, sind dem Dienstleister bei Unterbrechung der Leistungserbringung Vorhaltekosten für das eingesetzte Personal i.H. von 75% des üblichen Stundensatzes zu ersetzen.

Wird über ein Änderungsangebot keine Einigung erzielt oder ist ein Änderungswunsch des Kunden für den Dienstleister nicht umsetzbar, so wird der Vertag wie ursprünglich vereinbart fortgesetzt. Ist dies nicht möglich, weil die Leistungen ohne Änderungen ganz oder teilweise nicht realisierbar sind oder nicht zum vertraglichen Erfolg führen, stehen den Parteien die gesetzlichen Rechte zu.

5.11.2 Allgemeiner Hintergrund

Wir hatten ja bereits mehrfach festgestellt, dass bei Projektverträgen in aller Regel nicht von Anfang an schon vollständig feststeht, was am Ende des Projekts als Leistung abgeliefert bzw. abgenommen werden soll. Zwar weiß der Auftraggeber in aller Regel, dass er ein bestimmtes Ziel erreichen will; erst im Dialog mit dem Auftragnehmer wird aber erarbeitet, wie im Detail dieses Ziel definiert ist und auf welchem Weg im Einzelnen es erreicht werden soll.

Den ersten großen Teil dieser Aufgabe leistet das bereits dargestellte Verfahren der Festlegung des Leistungsumfanges im Rahmen eines mehrstufigen Vertrages.

Bei diesem einmal festgelegten Leistungsumfang bleibt es aber in aller Regel nicht. Vielmehr gibt es mehrere Szenarien, die eine Leistungsänderung des laufenden Vertrages notwendig oder wünschenswert werden lassen, hier bedarf es der Festlegung von Wegen zum **Änderungs-Management**:

- Während der Ausführung des Vertrages stellen die Parteien fest, dass sich das rechtliche oder organisatorische Umfeld des Projekts ändert (im Fall der Einführung eines ERP-Systems etwa Anforderungen an die Rechnungsstellung).
- Das technische Umfeld des Projekts ändert sich (wenn etwa die Standard-Software, auf der das Projektsystem aufsetzt, in einer neuen Version erscheint und die alte Version nicht mehr vom Hersteller gepflegt wird).
- Der Auftraggeber „kommt auf den Geschmack" und möchte einen erweiterten Leistungsumfang verwirklicht sehen.
- Die Parteien stellen fest, dass die Planung in den ersten Stufen des Vertrages falsch oder unvollständig war.

Gerade am letzten Beispiel wird deutlich, dass das Änderungs-Management in gewisser Weise die Fortführung des Definitions-Managements ist und die Grenzen hier durchaus fließend bleiben.

Die Wichtigkeit eines geordneten Verfahrens zum Änderungs-Management kann kaum überschätzt werden. Es darf nicht vergessen werden, dass ein Projektvertrag mit seiner Leistungsbeschreibung zunächst so eingehalten werden muss, wie er abgeschlossen wurde („pacta sunt servanda"): Die Leistungsbeschreibung ist das **Herzstück** des Vertrages. Einen wie auch immer gearteten Anspruch, dass die vereinbarten Leistungen geändert werden, hat – in der Regel jedenfalls, unter Berücksichtigung der allgemeinen vertraglichen Treuepflichten kann sich im Einzelfall anderes ergeben – keine Partei.

Eine geordnete Möglichkeit zur Vertragsänderung ist dabei in komplexen Projekten notwendig. Änderungen sind hier eher die Regel als die Ausnahme. Hinzu kommt, dass das Änderungs-Management ein **zeitkritischer** Prozess ist – das Projekt befindet sich ja bereits mitten in der Durchführungsphase. Eine zeitraubende Diskussion um Verfahrens- statt um Sachfragen ist also beim Sichtbarwerden von Änderungsbedarf nicht mehr sinnvoll. Das allgemeine Zivilrecht hilft an dieser Stelle aber nicht weiter: Es lässt Vertragsänderungen zwar bei Einigkeit beider Parteien diesbezüglich zu, sieht jedoch kein wie auch immer geartetes, wenigstens rudimentäres Verfahren vor. Das muss also der Vertrag leisten.

Gleichzeitig ist aber auch auf die Grenzen der rechtlichen Regelungen zum Änderungs-Management hinzuweisen. Der Projektvertrag kann zwar einen Rahmen vorgeben, innerhalb dessen Änderungen angeregt, erörtert und in eine vertraglich bindende Form gebracht werden können. Das eigentliche Auslösen des Verfahrens liegt aber in der Hand der Parteien. Wenn diese feststellen, dass eine Änderung wünschenswert oder notwendig ist, bedarf es ihres Tätigwerdens. Sie müssen die vertraglich vorgesehenen Verfahren auch nutzen.

Sie sollten es aber vor allem auch so nutzen, wie im Vertrag vorgesehen.

Das Problem besteht darin, dass der Vertrag zwar ein definiertes Verfahren für Änderungen vorsieht, was aber nicht heißt, dass außerhalb dieses Verfahrens getroffene Absprachen per se unwirksam wären. Die – leider! – häufigste Form der Vornahme einer Vertragsänderung ist daher ein völlig **ungeordneter** Prozess, in dem Besprechungsnotizen, Emails, Faxe, mündliche Absprachen in Meetings und „über den Flur" bunt gemischt einen nicht mehr nachvollziehbaren Flickenteppich an Änderungen ergeben. Ob jede Mitteilung dann von einer vertretungsberechtigten Person geschrieben wurde, oder ob durch die vielen Projekt-Meetings vielleicht eine Anscheins- oder Duldungsvollmacht entstanden ist, lässt sich dann auch nicht mehr recht nachvollziehen.

Unnötig zu schreiben, dass diese wilde Variante vermieden werden muss. Einerseits führt sie recht sicher zum Streit, weil nicht verbindlich feststeht, was denn nun wer wann wie mit wem vereinbart hat. Es entstehen schon genug Diskussionen über den Inhalt einer verbindlich festgelegten Leistungsbeschreibung oder sonstigen vertraglichen Abrede. Dieses Risiko zu potenzieren, indem man auf die nachvollziehbare Festlegung auch noch verzichtet, ist unnötig.

Zudem macht diese Variante der Vertragsänderung aber auch den entstehenden Streit zum Glückspiel: Diesen gewinnt, etwa vor Gericht, gegebenenfalls der, dessen Mitarbeiter sich noch am besten an ein bestimmtes, Jahre zurückliegendes Meeting „erinnern" können oder der noch eine Notiz oder Email findet, die – jedenfalls ohne den Kontext, in dem sie ursprünglich stand – eine bestimmte Absprache der Parteien nahe legt.

5.11.3 Zu den Regelungen im Einzelnen

Der Textvorschlag gibt ein bereits recht komplexes Prozedere zur Vertragsänderung vor, einfachere Regelungen sind denkbar, sehr viel detailliertere selbstverständlich ebenso.

Der Vorschlag im Mustertext geht davon aus, dass eine Vertragsänderung selbst als **Vertrag** verstanden werden kann. Zum Zustandekommen eines Vertrages bedarf es aber immer einer Willenserklärung in Form eines Angebots einer Partei. Die andere Partei wird dieses Angebot prüfen und ggf. annehmen. Damit ist die Grundstruktur des vorgesehenen Änderungsverfahrens bereits beschrieben.

Das Verfahren folgt dem Ansatz, dass der Normalfall der Auslösung des Verfahrens ein Änderungswunsch des Kunden sein wird. Im ersten Abschnitt der Regelung wird näher konkretisiert, nach welchen Kriterien dieser Wunsch zu prüfen ist. Denn gefragt werden muss einiges:

- Ist die gewünschte Änderung durchführbar?
- Wie wirkt sie sich auf den Gesamtvertrag aus (Kosten, Zeitrahmen etc.)?
- Wie wirkt sich die Änderung auf bereits erbrachte Leistungen aus, kann man diese weiter nutzen oder werden sie obsolet?

Nach Klärung dieser Punkte kann der Kunde entscheiden, **ob** er unter diesen Rahmenbedingungen die Änderung nach wie vor wünscht. Es ist dann Aufgabe des Dienstleisters, ein konkretes Änderungsangebot zu erstellen, also einen Vorschlag zu unterbreiten, **wie** im Detail der Vertrag geändert werden soll.

Der Klauselvorschlag setzt voraus, dass der Dienstleister zur Erbringung dieser Leistungen in jedem Fall verpflichtet ist. Diese Regelung ist durchaus diskutabel: Der Kunde hat es so in der Hand, den Dienstleister durch eine Flut von Änderungsvorschlägen „lahmzulegen". Der Vorschlag trägt dem dadurch Rechnung, indem eine Vergütungspflicht vereinbart wird und sich Leistungsfristen um die Zeit der Prüfung verlängern.

Natürlich kann nicht nur der Kunde Änderungen des Leistungsumfanges wünschen, sondern auch der Dienstleister. Dabei wird es häufig darum gehen, dass er feststellt, dass bestimmte vereinbarte Leistungen nicht wie vereinbart erbracht werden können oder jedenfalls nicht zum gewünschten Ziel führen. In diesem Fall basiert die Änderung in der Regel also nicht auf neuen Wünschen, sondern auch ungenügender Planung im Vorfeld. Es kann daher – so der Vorschlag – aus Sicht des Kunden angemessen sein, in diesem Fall die Aufwände zur Beschreibung der Änderungsnotwendigkeiten und der Erstellung des Änderungsangebotes nicht vergüten zu müssen.

Im dritten Abschnitt der Regelung werden die Details der Erstellung des Änderungsangebotes behandelt. Sofern die oben dargestellte Analyse der vorzunehmenden Änderungen ergeben hat, dass diese Auswirkungen auf die bereits erbrachten Leistungen haben werden, kann der Kunde großes Interesse daran haben, die weitere Leistungserbringung zunächst zu stoppen, um nicht weitere – dann sinnlose – Aufwände zu erzeugen. Umgekehrt kann es dem Dienstleister, der für einen solchen Änderungswunsch des Kunden vielleicht „schlicht nichts kann", schwer zugemutet werden, sein nun zunächst unbeschäftigtes Projektteam weiter zahlen zu müssen, ohne hierfür vom Kunden vergütet zu werden. Die Klausel im Mustertext schlägt zu dieser Frage einen Kompromiss vor, der wohl häufig sachgerecht sein wird.

Kommt über das Änderungsangebot keine Einigung zustande, so muss der Vertrag eigentlich wie vereinbart fortgesetzt werden. Möglicherweise ist das aber nicht gewünscht, vielleicht geht es auch gar nicht. Denn ein Grund für die Einleitung des Änderungsverfahrens kann ja sein, dass eine vereinbarte Leistung nicht möglich, ein vorausgesetzter Erfolg nicht zu erzielen ist. In diesen Fällen – das stellt die Klausel nur noch einmal fest – gelten die gesetzlichen Rechte.

Welche Rechte sind hier gemeint?

Wenn die Leistung gar nicht oder jedenfalls nicht (mehr) vom Dienstleister erbracht werden kann, so wird ein Fall der **Unmöglichkeit** vorliegen. Der Anspruch auf die Leistung ist dann ausgeschlossen:

§ 275 BGB - Ausschluss der Leistungspflicht

(1) Der Anspruch auf Leistung ist ausgeschlossen, soweit diese für den Schuldner oder für jedermann unmöglich ist.

(2) Der Schuldner kann die Leistung verweigern, soweit diese einen Aufwand erfordert, der unter Beachtung des Inhalts des Schuldverhältnisses und der Gebote von Treu und Glauben in einem groben Missverhältnis zu dem Leistungsinteresse des Gläubigers steht. Bei der Bestimmung der dem Schuldner zuzumutenden Anstrengungen ist auch zu berücksichtigen, ob der Schuldner das Leistungshindernis zu vertreten hat. (...)

Sofern der Dienstleister Unmöglichkeit oder Unvermögen zu vertreten hat, ist er nach §§ 283, 280 Abs. 1 BGB allerdings zum **Schadenersatz** verpflichtet.

Ändern sich nach Vertragsschluss Umstände, die Grundlage des Vertrages sind, oder stellen sich Vorstellungen der Parteien, die zur Grundlage des Vertrages geworden sind, als falsch heraus, so kann auch ein Fall der **Störung der Geschäftsgrundlage** vorliegen. Das wird teilweise auch dann angenommen, wenn ein bestimmter mit einer Leistung bezweckter Erfolg nicht eintreten kann. Rechtsfolge einer solchen Störung ist allerdings zunächst eine Anpassung des Vertrages. Insofern sieht das Gesetz keine andere Lösung als die hier diskutierte Klausel vor. Kann der Vertrag nicht angepasst werden oder ist eine Anpassung unzumutbar, so sieht das Gesetz allerdings ein Kündigungsrecht vor.

§ 313 BGB - Störung der Geschäftsgrundlage

(1) Haben sich Umstände, die zur Grundlage des Vertrags geworden sind, nach Vertragsschluss schwerwiegend verändert und hätten die Parteien den Vertrag nicht oder mit anderem Inhalt geschlossen, wenn sie diese Veränderung vorausgesehen hätten, so kann Anpassung des Vertrags verlangt werden, soweit einem Teil unter Berücksichtigung aller Umstände des Einzelfalls, insbesondere der vertraglichen oder gesetzlichen Risikoverteilung, das Festhalten am unveränderten Vertrag nicht zugemutet werden kann.

(2) Einer Veränderung der Umstände steht es gleich, wenn wesentliche Vorstellungen, die zur Grundlage des Vertrags geworden sind, sich als falsch herausstellen.

(3) Ist eine Anpassung des Vertrags nicht möglich oder einem Teil nicht zumutbar, so kann der benachteiligte Teil vom Vertrag zurücktreten. An die Stelle des Rücktrittsrechts tritt für Dauerschuldverhältnisse das Recht zur Kündigung.

Eine ganz nahe liegende – immer gegebene Möglichkeit – der Wahrnehmung der gesetzlichen Rechte ist die **Kündigung** des Vertrages durch den Kunden nach § 649 BGB. Die Einzelheiten werden unter 5.18.2 besprochen.

5.11.4 Sonstiges

Für die **vertragstechnische** Durchführung der Änderungen des Vertrages oder seiner Anlagen sind übrigens hauptsächlich zwei Möglichkeiten denkbar.

Zum einen können die Änderungen in den jeweiligen **Anlagen** vorgenommen werden, diese erhalten eine neue Versionsnummer, werden – häufig ist Schriftform auch für die Vertragsergänzung vereinbart – unterzeichnet und den Vertragsunterlagen beigefügt. Die alten Versionen der Anlagen sollten aus dokumentarischen Gründen dabei durchaus archiviert werden. Diese Variante sollte im Regelfall gewählt werden. Sie hält die vertraglichen Unterlagen übersichtlich, mit den Texten kann leicht gearbeitet werden.

In manchen Fällen wird allerdings keine Änderung der Anlage selbst vorgenommen, sondern deren Modifikation erfolgt durch einen gesonderten **Nachtrag**. Diese Variante der Vertragsänderung wird vor allem dann gewählt, wenn sich Historie und Inhalt der Änderungen aus den Vertragsunterlagen selbst ergeben soll.

Tipp: Welche Variante Sie auch wählen, dokumentieren Sie in jedem Fall Änderungen der Leistungsinhalte schriftlich und von den Projektleitern unterzeichnet.

5.12 Vergütung und Zahlungsbedingungen, Aufrechnung, Zurückbehaltung

5.12.1 Vertragstext

12. Vergütung und Zahlungsbedingungen, Aufrechnung, Zurückbehaltung

12.1   Grundsatz
Der Kunde vergütet dem Dienstleister die Leistungen nach aufgewendeter Zeit und eingesetztem Material (Time and Material), wobei der Zeitaufwand, wenn nicht anders vereinbart, gemäß den vereinbarten Stunden- oder Tagessätzen vergütet wird. Die Einzelheiten, insbesondere die Stunden- oder Tagessätze und weitere Vereinbarungen, ergeben sich aus **Anlage 8**.

12.2   Umsatzsteuer
Alle Preise verstehen sich zuzüglich der jeweils geltenden gesetzlichen Umsatzsteuer.

12.3   Zahlungsbedingungen
Soweit nichts anderes ausdrücklich vereinbart wurde, sind sämtliche Vergütungen und Nebenkosten ohne Abzüge innerhalb von vierzehn (14) Tagen (Eingang auf dem Konto des Dienstleisters) nach Datum der Rechnung per Überweisung auf das in der Rechnung angegebene Konto zu leisten.

12.4   Aufrechung und Zurückbehaltung
Die Aufrechnung mit Gegenforderungen ist nur zulässig, soweit diese unbestritten oder rechtskräftig festgestellt sind. Zudem kann der Kunde mit einer Gegenforderung aufrechnen, die an die Stelle eines dem Kunden zustehenden Zurückbehaltungsrechts aus diesem Vertragsverhältnis getreten ist.
Der Kunde kann ein ihm zustehendes Zurückbehaltungsrecht wegen unbestrittener oder rechtskräftig festgestellter Ansprüche ausüben. Ein Zurückbehaltungsrecht kann der Kunde gegen Ansprüche des Dienstleisters nur mit Ansprüchen und Rechten aus demselben Vertragsverhältnis geltend machen. Bei Mängeln kann der Kunde ein Zurückbehaltungsrecht zudem nur in Höhe des Dreifachen der zur Beseitigung der Mängel erforderlichen Aufwendungen ausüben.

5.12.2   Allgemeiner Hintergrund

Im bisher besprochenen Vertragstext ist sehr viel von Leistungen (des Auftragnehmers) und Mitwirkungsleistungen (des Auftraggebers) geschrieben worden. Ganz besonders wichtig ist für den Auftragnehmer natürlich die Frage der Gegenleistung, der Vergütung in Geld für seine Leistungen.

Im Grunde existieren für die Vergütung des Auftragnehmers zwei grundlegende Ansätze: Die Vergütung nach einem festen, vorher verhandelten und festgelegten Preis, und die Vergütung nach Aufwand.

Die Vergütung nach einem **fixen Preis** macht das Projekt jedenfalls aus der Sicht des Auftraggebers, vermeintlich gut kalkulierbar. Er weiß ja, was zu erwarten ist. In der Realität wirft diese Form der Abrechnung dennoch regelmäßig große Probleme auf.

Die Richtschnur, nach der bestimmt wird, welche Leistungen im Detail nach dem Vertrag geschuldet werden, ist die Leistungsbeschreibung. Sie ist gleichsam die ‚Karte‘, die das ‚Gelände‘ der erwarteten Projektleistung darstellt. Aber bekanntermaßen ‚ist‘ die Karte eben nicht das Gelände, sondern lediglich eine abstrahierte Darstellung. Sie bedarf in der realen Umsetzung der Interpretation. Und diese wird sich gerade bei einem Fixpreisprojekt je nach Vertragspartei erheblich unterscheiden. Während der Auftragnehmer eher die Interpretation wählen wird, die für ihn den geringsten Aufwand bedeutet, wird der Auftraggeber eher auf einer Interpretation bestehen, welche die möglichen Bedeutungen der Leistungsbeschreibung nach oben hin ausreizt. Streit ist bereits vorprogrammiert.[5]

Bsp:	A möchte bei B eine Software-Lösung kaufen, die bestimmte Unternehmensprozesse abbildet. Es handelt sich um eine für autorisiertes Personal weltweit über Internet abrufbare ASP-Lösung, die eine vormals verwendete Lösung ersetzt, die auf Firmen-Laptops installiert war. B verwendet hierfür eine bereits vorhandene, modular aufgebaute Standardlösung, die er an die jeweiligen Erfordernisse konkreter Kunden anpasst. B bietet einen Fixpreis.
	Das Interesse von A besteht darin, eine Lösung zu erhalten, die in Funktion und Anmutung möglichst wenig von der alten Lösung abweicht und gleichzeitig möglichst umfangreich die im Unternehmen vorhandenen Prozesse abbildet.

[5] Es sollte zu denken geben, dass auf der berüchtigten Liste „105 taffe Taktiken für Teamleiter" zur „Sabotage von IT-Projekten" von Bernd Schulze Osthoff bereits die Tipps Nr. 4 bis 6 den Ratschlag behandeln: „Übernehmen Sie nur Festpreis-Projekte!". Der sehr lehrreiche Text findet sich unter: http://www.gulp.de/kb/en/unterhalt/sabotageleitfaden1_f.html.

> B dagegen möchte möglichst wenige Anpassungen an der vorhandenen Standardlösung vornehmen. Ihm ist daran gelegen, eher die bei A vorgefundenen Prozesse an seine Lösung anzupassen als umgekehrt.

Ganz offensichtlich stellen sich diese Fragen viel weniger dringend bei einem nach **Aufwand** vergüteten Projekt: Wenn die Parteien hier unterschiedlicher Meinung über die Interpretation eines Punktes der Leistungsbeschreibung sind, wird man sich in der Regel nicht streiten, sondern der Auftragnehmer wird den Punkt wie vom Auftraggeber gewünscht umsetzen. Er verdient ja daran.

Natürlich kann es auch hier Probleme geben, etwa genügend personelle Ressourcen bereitzustellen, Leistungsfristen zu halten, die Gesamtprojektdauer nicht zu überschreiten etc. In der Regel sind diese Fragen aber lösbar, während der Dienstleister bei seinerseits ungeplanten Mehraufwendungen im Fixpreisprojekt schnell in den Bereich der Unterdeckung gerät. Im Allgemeinen ist dies der Kompromissbereitschaft nicht zuträglich.

Speziell für den Dienstleister ist diese Situation ungemütlich, denn zu seiner wirtschaftlichen Abhängigkeit vom Kunden kommt seine rechtlich schwierige Position. Stimmt er einer weiten Auslegung der Leistungsbeschreibung durch den Kunden zu, verliert er mit dem Projekt Geld. Beharrt er dagegen auf seiner engen Auslegung der geschuldeten Leistung, wird dies der Kunde ggf. als Weigerung verstehen, den Vertrag zu erfüllen und möglicherweise zurücktreten:

§ 323 BGB - Rücktritt wegen nicht oder nicht vertragsgemäß erbrachter Leistung
(1) Erbringt bei einem gegenseitigen Vertrag der Schuldner eine fällige Leistung nicht oder nicht vertragsgemäß, so kann der Gläubiger, wenn er dem Schuldner erfolglos eine angemessene Frist zur Leistung oder Nacherfüllung bestimmt hat, vom Vertrag zurücktreten.
(2) Die Fristsetzung ist entbehrlich, wenn
1. der Schuldner die Leistung ernsthaft und endgültig verweigert,
2. (...)

Im Fall des Rücktritts hat der Dienstleister aber nichts gewonnen. Er muss nun sogar bereits empfangene Leistungen zurückgewähren:

§ 346 BGB - Wirkungen des Rücktritts
(1) Hat sich eine Vertragspartei vertraglich den Rücktritt vorbehalten oder steht ihr ein gesetzliches Rücktrittsrecht zu, so sind im Falle des Rücktritts die empfangenen Leistungen zurückzugewähren und die gezogenen Nutzungen herauszugeben. (...)

Welche Leistung denn nun „tatsächlich" geschuldet war, ob der Kunde wirklich zu Recht zurückgetreten ist und wer nun wem noch in welcher Höhe Rückgewähr oder gar Schadenersatz schuldet, kann im Nachgang vor Gericht geklärt werden. In solchen Prozessen werden dann in aller Regel umfangreiche und teure Sachverständigengutachten benötigt, pro Instanz beträgt die Prozessdauer eher Jahre als Monate und wegen der Komplexität der Materie wird man ohne spezialisierte Anwälte nicht auskommen, von den internen Aufwänden für die Aufbereitung des Sachverhalts ganz zu schweigen. Insgesamt ist dies also kein wünschenswertes Szenario.

Mithin empfiehlt sich eine pauschale Vergütung für das gesamte Projekt nur in wenigen Fällen:

- Wenn es sich beim vorliegenden Projekt um einen vorhersehbaren und kalkulierbaren „Standard" handelt – wobei dann nach unserer Definition in Punkt 2.0 dieses iBusiness-Leitfadens eigentlich kein „Projekt" vorliegen kann.
- Wenn der Auftragnehmer mit guten Gründen (etwa: Gewinnung eines wichtigen Referenzkunden) bereit und in der Lage ist, das mit einem Fixpreis verbundene Risiko zu tragen.

Selbstverständlich kann es sinnvoll sein, einzelne Teile eines Projekts fix zu vergüten.

Bsp: Ein Projekt besteht aus der Anpassung einer existierenden Standard-Software an die Bedürfnisse des Kunden. Hier wird einerseits eine Lizenz zur Nutzung der Standardkomponenten, andererseits der Aufwand zu deren Anpassung berechnet. Es ist hier sinnvoll, für die Lizenz einen festen Preis zu vereinbaren.

5.12.3 Zu den Regelungen im Einzelnen

Im Muster wird eine Vergütung nach Aufwand vorgeschlagen. Die Sinnhaftigkeit ergibt sich schon aus dem Umstand, dass in unserem Fall – vergleiche Ziffer 5 des Vertrages – ohnehin ein mehrstufiger Vertrag vorliegt. Dessen erste Stufe besteht darin, ein verbindliches Pflichtenheft – die für den Vertrag maßgebliche Leistungsbeschreibung – zu erstellen. Eine wie auch immer geartete Grundlage für die Kalkulation eines Fixpreises besteht daher jedenfalls für den zweiten Projektteil nicht.

Die eigentlichen kaufmännischen Regelungen werden in der Anlage getroffen. Auf deren Abfassung ist daher besondere Sorgfalt zu verwenden. Sie sollte insbesondere regeln:

- welche Stunden- oder Tagessätze gelten;
- welche Abrechnungseinheiten vereinbart werden (etwa: angefangene Viertelstunden);
- ob es eine Grenze gibt, unterhalb derer nicht zum Tages-, sondern zum Stundensatz abgerechnet wird;
- wie detailliert abgerechnet wird, insb. welche Nachweise vorzulegen sind, ob Stundenaufstellungen von Vertretern des Vertragspartners abzuzeichnen sind;
- wie und in welchem Umfang Reisekosten und Spesen gesondert abgerechnet werden können und welche Nachweise hier zu erbringen sind;
- wann für welche Zeitabschnitte bzw. für welche Lieferungen und Leistungen Rechnungen gestellt werden dürfen.

5.12.3.1 Zu den Zahlungsbedingungen

Die Regelung enthält im Wesentlichen technische Details zur Abwicklung der zu leistenden Zahlungen.

Zunächst wird klargestellt, dass **Skontoabzüge** nicht zulässig sind. Dies entspricht übrigens der gesetzlichen Lage, wie sie ohne gesonderte Vereinbarung ohnehin gelten würde. In Einkaufsbedingungen, wie sie häufig auch Projektverträgen durch die Auftraggeber zugrunde gelegt werden, wird aber oft eine Skontovereinbarung vorgesehen. Diese soll hier ausgeschaltet werden.

Auf der anderen Seite kann übrigens durchaus erwogen werden, einen Skontoabzug gezielt einzusetzen, um den Kunden zu einer rechtzeitigen Zahlung zu veranlassen. Arbeitet der Dienstleister mit hohem Materialeinsatz, so wird hier überprüft werden müssen, auf welche Teile der Vergütung Skonto gewährt werden soll. In der Regel wird das allein den Arbeits-, nicht aber den Materialanteil betreffen.

Als **Zahlungsziel** werden im Muster 14 Tage nach dem Datum der Rechnung vorgeschlagen. Anzumerken ist an dieser Stelle hinsichtlich der zeitlichen Dimension des Zahlungszieles, dass in der Praxis gerade bei größeren Auftraggebern in der Regel weit mehr als 14 Tage zu kalkulieren sein werden. Allein die Komplexität der internen Prozesse größerer Unternehmen machen solch ambitionierte Ziele unrealistisch, die Einführung von ERP-Systemen hat dies noch um Größenordnungen verschlimmert. Dabei wahrt die Tatsache, dass überhaupt ein Zahlungsziel angegeben wird, aber durchaus schon die Interessen des Kunden. Denn ohne eine solche Regelung wäre die mit der Rechnung geltend gemachte Forderung sofort zur Zahlung fällig:

§ 271 BGB - Leistungszeit
(1) Ist eine Zeit für die Leistung weder bestimmt noch aus den Umständen zu entnehmen, so kann der Gläubiger die Leistung sofort verlangen, der Schuldner sie sofort bewirken. (...)

5.12.3.2 Zu Aufrechnung und Zurückbehaltung

Haben zwei natürliche oder juristische Personen gleichartige Forderungen gegeneinander, so kann jede der Parteien mit ihrer Forderung gegen die Forderungen des anderen Teils **aufrechnen**, § 387 BGB. Die beiden Forderungen erlöschen dabei insoweit sie sich decken. Die Aufrechnung stellt damit ein schnelles und effizientes Mittel der Erfüllung von Leistungsverpflichtungen dar.

Im Normalfall stehen sich bei der Durchführung von Projektverträgen aber keine gleichartigen Forderungen gegenüber. Der Auftragnehmer erbringt seine Sachleistungen, der Auftraggeber dagegen schuldet Geld. Eine Aufrechnung scheidet daher aus.

Das gilt aber nicht mehr im Fall der Krise. Hier versuchen oft beide Vertragsparteien, gegenüber der anderen Partei – begründete oder konstruierte – Schadenersatzpositionen aufzubauen und gegen die Ansprüche der anderen Seite aufzurechnen: es stehen sich ja jeweils Geldschulden gegenüber. Auf diese Weise wird ein bereits ins Trudeln geratenes Projekt aber endgültig zum Scherbenhaufen. Will nämlich der Auftragnehmer seine Vergütung erhalten, kann er nicht einfach, ggf. auch gerichtlich, Zahlung verlangen, denn aus der einfachen Zahlungsklage wird ein komplexer **Schadenersatzprozess.**

Umgekehrt wird ein Auftragnehmer, der – zu Recht oder Unrecht – kein Geld erhält, sehr wenig für den weiteren Fortgang des Projekts tun, womöglich Zurückbehaltungsrechte geltend machen.

Das **Zurückbehaltungsrecht** ist im BGB in § 273 geregelt:

§ 273 BGB - Zurückbehaltungsrecht
(1) Hat der Schuldner aus demselben rechtlichen Verhältnis, auf dem seine Verpflichtung beruht, einen fälligen Anspruch gegen den Gläubiger, so kann er, sofern nicht aus dem Schuldverhältnis sich ein anderes ergibt, die geschuldete Leistung verweigern, bis die ihm gebührende Leistung bewirkt wird (Zurückbehaltungsrecht). (...)

In gegenseitigen Verträgen – wie hier diskutiert – hat die Einrede des nicht erfüllten Vertrages dieselbe Funktion, § 320 BGB:

§ 320 BGB – Einrede des nicht erfüllten Vertrags
(1) Wer aus einem gegenseitigen Vertrag verpflichtet ist, kann die ihm obliegende Leistung bis zur Bewirkung der Gegenleistung verweigern, es sei denn, dass er vorzuleisten verpflichtet ist. Hat die Leistung an mehrere zu erfolgen, so kann dem einzelnen der ihm gebührende Teil bis zur Bewirkung der ganzen Gegenleistung verweigert werden. Die Vorschrift des § 273 Abs. 3 findet keine Anwendung.
(2) Ist von der einen Seite teilweise geleistet worden, so kann die Gegenleistung insoweit nicht verweigert werden, als die Verweigerung nach den Umständen, insbesondere wegen verhältnismäßiger Geringfügigkeit des rückständigen Teiles, gegen Treu und Glauben verstoßen würde.

Für Kaufleute statuiert das Handelsgesetzbuch (HGB) in den §§ 369 ff. ein erweitertes Zurückbehaltungsrecht, das dem Gläubiger insbesondere auch die direkte Befriedigung aus zurückbehaltenen Gegenständen gestattet.

Aufrechung und Zurückbehaltung, insbesondere in ihrem Zusammenspiel, sind durchaus geeignet, ein Projekt zum kompletten Stillstand zu bringen. Andererseits ist es aber durchaus problematisch, Aufrechnung und Zurückbehaltung komplett auszuschließen. Zum einen gelingt das ohnehin nur in Verträgen, in denen jedenfalls die betreffenden Klauseln keine Allgemeinen Geschäftsbedingungen im Sinne der §§ 305 ff. BGB darstellen. Denn nach den AGB-rechtlichen Regeln sind der vollständige Ausschluss und auch viele Einschränkungen von Aufrechnungs- und Zurückbehaltungsrechten auch unter Unternehmern unwirksam. Vor allem aber wohnt dem Recht zur Aufrechnung und Zurückbehaltung auch ein großer **Gerechtigkeitsgehalt** inne. Unterbindet man etwa Zurückbehaltungsrechte des Dienstleisters, dann müsste er auch dann weiterarbeiten, wenn der Kunde einfach nicht zahlt, obwohl nicht einmal Streit über die Zahlungspflicht besteht.

Der Vorschlag im Mustertext versucht, einen ausgewogenen Mittelweg zu finden. Aufrechnung und Zurückbehaltung werden selbstverständlich insoweit zugelassen, als die zugrunde liegenden Ansprüche unbestritten oder rechtskräftig festgestellt sind. Denn hier besteht unter keinem Gesichtspunkt ein Interesse an Einschränkungen. Im Übrigen wird insbesondere die Höhe einer Zurückbehaltung von Zahlungen des Kunden aufgrund von Mängeln beschränkt.

Je nach konkreter Interessenslage sind aber auch andere Lösungen für die vorstehend aufgeworfenen Fragen denkbar. So kann etwa vereinbart werden, dass der Kunde bei Streitigkeiten die betreffenden Beträge nicht an den Dienstleister zahlen muss, sondern an einen **Treuhänder**, der die Beträge bis zur endgültigen Klärung verwahrt. Nützlich können solche Regelungen vor allem dann sein, wenn die Parteien für diese Fälle ein schnelles und effektives Schiedsverfahren o.Ä. vereinbart haben (vgl. dazu unten 5.20.3.3), also keine lange gerichtliche Klärung bezüglich der Frage gesucht werden muss, wem die Beträge schlussendlich zustehen. Gerade für kleinere Dienstleister werden solche Regeln allerdings häufig nicht in Betracht kommen, da sie erhebliche Liquiditätsreserven voraussetzen: Wenn trotz Streit zunächst ohne Zahlung weitergearbeitet werden muss, wollen die Mitarbeiter des Dienstleisters dennoch bezahlt werden.

5.13 Ansprüche bei Mängeln

5.13.1 Vertragstext

13. Ansprüche und Rechte bei Mängeln

13.1   Rüge, Frist

Mängel sind spätestens innerhalb von zwei (2) Wochen nach deren Feststellung schriftlich gegenüber dem Dienstleister zu rügen. Die Mängelrüge muss dabei eine im Rahmen des Zumutbaren detaillierte Beschreibung der Mängel (insbesondere Beschreibung der aufgetretenen Funktionsfehler etc.) enthalten. Bei Verletzung vorstehender Rügeobliegenheit gilt die betreffende Lieferung oder Leistung in Ansehung des betreffenden Mangels als genehmigt.

13.2   Art und Weise

Ist der Dienstleister aufgrund von Mängeln zur Nacherfüllung verpflichtet, kann diese nach Wahl des Dienstleisters im Wege der Mängelbeseitigung oder der Neulieferung bzw. Neuerstellung eines mangelfreien Werks erbracht werden.

Wird die Nacherfüllung im Wege der Mängelbeseitigung vorgenommen, so kann sie - im freien Ermessen des Dienstleisters und bei Verfügbarkeit - auch durch Lieferung und Installation einer neuen Version, eines Updates, Upgrades, Patches oder Releases erfolgen. Ist solches noch nicht verfügbar, wird dies aber in absehbarer Zeit sein, kann der Dienstleister den Kunden für den entsprechenden Zeitraum auf eine Umgehungslösung verweisen, sofern diese dem Kunden zumutbar ist.

Der Kunde wird dem Dienstleister die Suche und Analyse der Mangelursache ermöglichen, dabei angemessen unterstützen und Einsicht in die Unterlagen gewähren, aus denen sich nähere Umstände eines aufgetretenen bzw. behaupteten Mangels ergeben könnten.

Ergibt die Überprüfung einer Mängelrüge, dass kein Anspruch wegen Mängeln besteht, kann der Dienstleister die entstandenen Kosten und Aufwendungen der Überprüfung und Leistungen nach den vereinbarten Stundensätzen ersetzt verlangen.

13.3 Verjährung, Sonstiges
Die Verjährungsfrist für Mängelansprüche beträgt zwei (2) Jahre. Die Verjährungsfrist beginnt mit der Abnahme der jeweils betroffenen Leistung. Schadensersatz- bzw. Aufwendungsersatzansprüche wegen Mängel sind im Übrigen entsprechend Punkt 14 begrenzt.

5.13.2 Allgemeiner Hintergrund

Eine zu erbringende Leistung hat dann einen Sachmangel, wenn sie nicht so beschaffen ist, wie das vereinbart war; sie hat einen Rechtsmangel, wenn Dritte bezüglich der Leistung Rechte geltend machen, von denen vertraglich nicht die Rede war. Haben die Parteien, was beim Projektvertrag nur schwer denkbar sein dürfte, keine besonderen Vereinbarungen getroffen, dann ist das zu erstellende Werk frei von Mängeln, wenn es sich für die nach dem Vertrag vorausgesetzte oder sonst für die gewöhnliche Verwendung eignet und die übliche oder zu erwartende Beschaffenheit hat, wie die §§ 633 Abs. 2 und 434 Abs. 1 BGB in ähnlicher Weise definieren. Kurz gefasst ist ein Werk dann mangelhaft, wenn seine **Ist-Beschaffenhei**t von der **Soll-Beschaffenheit** abweicht.

Maßstab für die Soll-Beschaffenheit ist die Feinspezifikation in der geltenden Fassung, also unter Berücksichtigung der von den Parteien während des Projekts vereinbarten Änderungen. Findet sich eine solche Spezifikation nicht oder nur lückenhaft zu einem bestimmten Punkt, so kann auf weitere Unterlagen und Absprachen wie Angebote, Emails, Protokolle etc. zurückgegriffen werden. Wenn auch dies nicht zum Ziel führt, so muss notgedrungen die vorausgesetzte oder übliche Beschaffenheit ermittelt werden. An der Stelle zeigt sich noch einmal, wie wichtig eine nicht nur alle Themen in der Breite, sondern auch der gebotenen Tiefe behandelnde Leistungsbeschreibung ist. Findet diese sich nicht, läuft die Suche nach ersatzweise anwendbarer Parteikommunikation meist auf den alten Grundsatz „wer schreibt, der bleibt" hinaus. Fruchtet auch das nicht, wird die Suche nach der Ist-Beschaffenheit zum Glücksspiel, im besten Fall kann man noch auf (meist Jahrzehnte alte) DIN-Normen zurückgreifen.

Der juristische Mangelbegriff ist also zunächst auf die Parteivereinbarung bezogen. Damit kann der Fall eintreten, dass sich der rechtliche Begriff des „Mangels" und der des „Fehlers" im Fall etwa von Software im Sinn der Informatik nicht decken. So kann ein Fehler vorliegen, wenn ein System nicht dauernd verfügbar ist, sondern ab und an neu gestartet werden muss. Die Parteien können aber bestimmen, dass eine bestimmte Menge dieser Fehler tolerabel ist, das System etwa nur zu 99,7% verfügbar sein muss. Entspricht das System dieser Vorgabe, liegt kein Mangel im rechtlichen Sinn vor.

Tipp: Wenn die Parteien wissen, dass eine Leistung bestimmte technische „Fehler" aufweisen wird, dann ist der richtige Ansatzpunkt zur Berücksichtigung dieser Fragen nicht der „juristische" Teil des Vertrages. Hier kann nur begrenzt ein vorhandener Mangel „wegdefiniert" werden, erst recht, wenn AGB vorliegen. Sinnvollerweise sorgt man dafür, dass ein Fehler erst gar nicht zum Mangel wird, und zwar in der Leistungsbeschreibung oder in Service Level Agreements (die insoweit natürlich nur ein Aspekt der Leistungsbeschreibung sind).

Ein Mangel liegt – das nur zur Klarstellung – nicht nur dann vor, wenn ein System nicht das tut, was es soll, sondern auch dann, wenn es etwas tut, was es nicht tun soll. Dinge, die es gerade **nicht** tun soll, finden sich allerdings häufig nicht in der Leistungsbeschreibung. Dass etwa eine Software nicht bei Fehleingaben von Werten durch den Benutzer die Datenbank des Systems mit inkonsistenten Daten vollschreiben darf, versteht sich auch ohne gesonderte Regelung von selbst.

Vorliegende Mängel müssen vom Kunden **angezeigt** werden. Dabei genügt es nicht, dass der Kunde nur mitteilt, dass ihm etwas missfällt. Vielmehr muss er darlegen, wie sich der Mangel äußert; der Dienstleister muss erkennen können, worum es dem Kunden eigentlich geht. Gibt etwa eine Software Fehlermeldungen aus, so sind diese heranzuziehen, sonst ist anzugeben, bei welchen Gelegenheiten der Mangel auftritt.

Wenn nach dem Vorgesagten Mängel vorliegen und ordnungsgemäß angezeigt wurden, dann müssen diese beseitigt oder jedenfalls kompensiert werden. Hinsichtlich dieser an sich trivialen Feststellung herrscht übrigens (immer noch) jedenfalls in der Software-Branche einige Verwirrung. So hat sich der Selbstfreizeichnungsversuch „Software kann naturgemäß nicht fehlerfrei erstellt werden, kleine Abweichungen vom Vereinbarten berechtigen den Kunden nicht zur Geltendmachung von Gewährleistungsansprüchen" in das kollektive Bewusstsein der Software-Schaffenden eingebrannt. Mit gleichem Recht könnten aber andere Hersteller komplexer Produkte (etwa von Automobilen, Spezialmaschinen oder Häuser) ähnliches behaupten. Die Aussage ist rechtlich wirkungslos. Verstecken Sie sich als Dienstleister nicht hinter solchen wenig hilfreichen Aussagen, sondern stehen Sie zu der entsprechenden Verantwortung und planen Sie Ressourcen auch für die Mängelbeseitigung ein.

Sehen wir uns an, wie sich die Mängelbeseitigung nach der gesetzlichen Vorgabe gestaltet. Auch hier soll vom Werkvertrag ausgegangen werden.

Im Fall der Mangelhaftigkeit kann der Kunde zunächst nach §§ 634, 635 BGB Nacherfüllung verlangen. Diese kann nach Wahl des Dienstleisters dadurch geschehen, dass er entweder ein neues – dann mangelfreies – Werk erstellt oder aber den Mangel beseitigt. Typischerweise wird in Fall von Projekten die letztgenannte Variante sinnvoll sein.

Weitere Ansprüche kann der Kunde erst dann geltend machen, wenn die Nacherfüllung nur unter unzumutbaren Kosten möglich ist (§ 635 Abs. 3 BGB), fehlschlägt (was allerdings in der Regel zwei oder sogar mehrere Versuche erfordern wird) oder eine zur Nacherfüllung gesetzte Frist fruchtlos verstreicht. Dabei gibt es keine festen Regeln für die Länge der Frist, gerade bei komplexen Leistungen wird man sie großzügig bemessen müssen.

Der naheliegendste weitere Mangelanspruch wird das **Selbstvornahmerecht** nach § 637 BGB sein. Dies übrigens ist ein Recht, das im Kaufrecht des BGB keine Entsprechung findet. Die Selbstvornahme berechtigt den Kunden, Mängel selbst zu beseitigen oder durch Dritte beseitigen zu lassen und Ersatz der dazu erforderlichen Aufwendungen zu verlangen. Dazu darf der Kunde vom Dienstleister sogar einen angemessenen Vorschuss fordern, § 637 Abs. 3 BGB. Der Anspruch auf den Vorschuss ist in der Praxis oft deshalb schwierig zu realisieren, weil gerade im Streit, ob denn überhaupt Mängel vorliegen, der Dienstleister ungern freiwillig zahlen wird. Stehen noch Vergütungszahlungen offen, so kann der Kunde freilich aufrechnen.

Bei komplexen Projekten ist das Selbstvornahmerecht allerdings häufig wertlos, weil die Einarbeitungszeit in das detaillierte Verständnis der mangelhaften Leistungen einfach zu hoch oder auch schlicht dem Kunden nicht möglich ist.

Daher kann hier das **Minderungsrecht** des § 638 BGB interessant sein. Dieses kann der Kunde nach der Formulierung des Gesetzes statt des Rücktritts ausüben. Dessen Voraussetzungen müssen also vorliegen. Wann das der Fall ist, bestimmt § 634 Nr. 3 BGB, der wiederum auf die §§ 323 und 325 Abs. 5 BGB verweist. Nach diesen Vorschriften ist vor dem Rücktritt jedenfalls eine angemessene Frist zur Nacherfüllung zu setzen. Der Rücktritt ist ferner ausgeschlossen, wenn der Mangel, aufgrund dessen zurückgetreten werden soll, unerheblich ist oder wenn der Kunde für den Mangel ganz oder überwiegend selbst verantwortlich ist.

Den Umfang der Minderung regelt § 638 Abs. 3 BGB. Danach ist die Vergütung in dem Verhältnis herabzusetzen, in welchem zur Zeit des Vertragsschlusses der Wert des Werkes in mangelfreiem Zustand zu dem wirklichen Wert gestanden haben würde.

Ein drastisches Mangelrecht stellt der **Rücktritt** dar. Nach § 346 Abs. 1 BGB sind dann die empfangenen Leistungen zurückzugewähren und gezogene Nutzungen herauszugeben oder in Geld zu entschädigen. Bei virtuellen Leistungen wird häufig statt einer Rückgabe im „engen" Sinn – die ja auf verkörperte Leistungen ausgerichtet ist – eine Löschung etwa von Daten oder Programmen in Betracht kommen.

Kompliziert gestaltet sich die Rückabwicklung von erlangtem Know-how oder ähnlichem. Einmal erlangtes Wissen kann man ohne drastische Maßnahmen kaum wieder zu Unwissen machen. Verwertet werden darf es nach dem Rücktritt freilich nicht mehr ohne weiteres.

Zuletzt kann auch **Schadenersatz** nach §§ 636, 280, 281, 283 311a BGB oder das Verlangen nach dem **Ersatz vergeblicher Aufwendungen,** § 284 BGB, ein Mangelanspruch sein. Voraussetzung dafür ist freilich immer eine schuldhafte Pflichtverletzung, die bei Mängeln aber in aller Regel vorliegen dürfte. Ist diese aber gegeben, so kann insbesondere nicht nur Ersatz der Mangelschäden nach § 281 Abs. 1 BGB, sondern auch der Mangelfolgeschäden verlangt werden, § 280 Abs. 1 BGB. Als solche kommen auch Vermögensschäden oder entgangener Gewinn in Betracht.

Wie alle Ansprüche unterliegen auch die Mängelansprüche der **Verjährung**. Die Einzelheiten regelt § 634a BGB oder – wenn ein Werklieferungsvertrag nach § 651 BGB oder ein „richtiger" Kaufvertrag vorliegt – § 438 BGB. Wann welche Vorschrift in welcher Weise anzuwenden ist, ist leider nicht ganz einfach festzustellen. Die Frage ist aber alles andere als trivial, da sich die Verjährungszeiträume teilweise dramatisch unterscheiden:

- Nach § 438 BGB (also beim Kauf, etwa der Lieferung von Standardprodukten) verjähren die Mängelansprüche innerhalb von zwei Jahren ab Ablieferung.
- Nach § 634a Abs. 1 Nr. 1 BGB gilt diese Frist – gerechnet freilich ab der Abnahme – auch bei Werkverträgen über die Herstellung, Wartung oder Veränderung einer Sache. Gerade bei den Leistungsgegenständen von Projektverträgen kann hier wieder gestritten werden, ob und inwieweit diesen Sachqualität zukommt.
- Lehnt man die Eigenschaft als Sache ab, gelangt man zur Anwendung des § 634a Abs. 1 Nr. 3 BGB, und damit zur regelmäßigen Verjährungsfrist, die nach § 195 BGB drei Jahre beträgt. Sie beginnt allerdings nach § 199 BGB erst mit dem Schluss des Jahres, in dem der Anspruch entstanden ist und der Gläubiger von den den Anspruch begründenden Umständen und der Person des Schuldners Kenntnis erlangte oder ohne grobe Fahrlässigkeit erlangen musste. In jedem Fall aber verjähren die Ansprüche zehn Jahre nach Ihrer Entstehung, bzw. im Fall von Schadenersatz für Spätschäden 30 Jahre nach Begehung der Handlung oder Pflichtverletzung oder dem sonstigen den (späteren) Schaden auslösenden Ereignis, § 199 Abs. 3 BGB. Letztgenannte Frist gilt nach § 199 Abs. 2 BGB auch für Schadenersatzansprüche, die auf der Verletzung des Lebens, des Körpers, der Gesundheit oder der Freiheit beruhen.

Alles in allem sind diese gesetzlichen Regelungen sehr komplex, es ist nach dem derzeitigen Stand der Diskussion oft unklar, welche Verjährungsvorschrift im Detail gilt und die Fristen sind teilweise exorbitant lang. Die vertragliche Regelung eines eigenen – auf die konkreten Verhältnisse des Projekts angepassten – Verjährungsregimes empfiehlt sich daher.

5.13.3 Zu den Regelungen im Einzelnen

Den gesetzlichen Regelungen über die Mangelrechte wohnt ein unbestreitbarer Gerechtigkeitsgehalt inne. Die vorgeschlagenen vertraglichen Regelungen wollen daher nicht die gesetzlichen Gewährleistungsregeln insgesamt modifizieren, sondern lediglich an den Stellen eine klare Lösung finden, an denen nach dem oben Gesagten entsprechender Bedarf besteht.

Zunächst werden Einzelheiten zu Frist und Form der **Mängelrüge** bestimmt. Im Muster wird formuliert, dass diese eine im Rahmen des Zumutbaren detaillierte Beschreibung der Mängel (insbesondere Beschreibung der aufgetretenen Funktionsfehler etc.) enthalten muss. Hier können die Parteien durchaus auch weitere Erfordernisse bestimmen. Sinnvoll kann etwa die Verwendung eines bestimmten, vom Dienstleister vorgegebenen Formulars sein, in dem die wesentlichen Fragen bereits als auszufüllende Felder vorgesehen sind.

Nachfolgend wird die **Art und Weise** der Mangelbeseitigung konkretisiert. In der Regelung wird den Gegebenheiten des Musterprojekts Rechnung getragen.

Gerade bei einem Vertrag wie dem hier diskutierten, bei dem der Dienstleister ein mehrfach verwendetes Standardsystem an die spezifischen Bedürfnisse des Kunden anpasst, kann es vorkommen, dass Mängel eben nicht aus den Anpassungen, sondern aus dem zugrunde liegenden Standardsystem rühren. Hier wird der Dienstleister natürlich bestrebt sein, nicht nur die Mängel der konkreten Leistung beim Kunden zu beseitigen, sondern auch sein Standardsystem anzupassen. Er wird einen Patch, ein Update oder ein neues Release erwägen. In der Regel wird dessen Erstellung aber einige Zeit brauchen, häufig länger, als wenn der konkrete Mangel direkt und nur beim jeweiligen Kunden behoben würde: Es ist ja auf alle bereits für andere Kunden erstellten Anpassungen Rücksicht zu nehmen, Änderungen des Standardsystems sind auf Kompatibilität zu testen etc. Der Dienstleister hat damit ein Interesse daran, den Kunden gegebenenfalls zunächst auf eine Umgehungslösung oder einen „Hotfix" zu verweisen, bis eine endgültige Lösung auch für das Standardsystem gefunden wird. Natürlich muss auch eine Umgehungslösung für den Kunden zumutbar sein. Wegen der begrenzten Zeitdauer der Nutzung der Umgehungslösung wird man hier aber keine allzu strengen Maßstäbe anlegen dürfen. Jedenfalls die produktive Arbeit muss weitgehend ungehindert möglich sein, kleine Ärgernisse werden dagegen zu tolerieren sein.

Die vorgeschlagene Klausel ist allerdings kein Freibrief für eine einseitige Leistungsänderung durch den Dienstleister. Die Lieferung und Installation der neuen Version, des Updates, Patches o.Ä. dient im Gegenteil gerade der Herstellung der Mangelfreiheit, also der Übereinstimmung von Ist- und Sollbeschaffenheit.

Eine gerade im kooperativ angelegten Projektvertrag eigentlich selbstverständliche Pflicht wird angesprochen, wenn der Kunde zur **Mitwirkung** bei der Suche und Analyse der Mängelursache verpflichtet wird. Das geht über die Pflicht zur Mängelrüge hinaus. Was im konkreten Fall als Unterstützung notwendig ist, wird sich regelmäßig nicht abstrakt vorab regeln lassen.

Die Suche nach Mängeln kann und wird bei genügend komplexen Leistungen in erheblichem Ausmaß personelle Ressourcen des Dienstleisters binden. Es empfiehlt sich daher eine Klarstellung, dass unnütze Aufwände wegen unberechtigter Meldungen zu vergüten sind. Die Klausel kann (und sollte in jedem Fall beim Vorliegen von AGB) dahingehend ergänzt werden, dass eine Ersatzpflicht nicht eintritt, wenn der Kunde auch bei Anwendung der angemessenen Sorgfalt nicht erkennen konnte, dass es sich nicht um einen Mangel handelt.

Im letzten Regelungskomplex beschäftigt sich der Mustertext mit der **Verjährung** der Mängelansprüche. Der Vorschlag sieht hier eine Verjährungsfrist von zwei Jahren vor. Anders als in der komplexen gesetzlichen Regelung soll der Beginn der Verjährung in jedem Fall durch die Abnahme markiert werden. Diese ist ja vertraglich für alle Leistungen vorgesehen, auch wenn sie nach der gesetzlichen Regelung möglicherweise nicht erforderlich wäre, etwa im Fall des Kaufrechts.

Die Regelungen werden – darauf soll hier nochmals explizit hingewiesen werden – in der vorgeschlagenen Form nur durch Individualvereinbarung zu bedingen sein. In Form von AGB werden insbesondere die Verjährungsregelungen unwirksam sein.

5.14 Haftung

5.14.1 Vertragstext

14. Haftung

Die Ansprüche des Kunden auf Schadensersatz oder Ersatz vergeblicher Aufwendungen richten sich ohne Rücksicht auf die Rechtsnatur des Anspruchs nach den nachstehenden Klauseln.

Für Schäden aus der Verletzung des Lebens, des Körpers oder der Gesundheit, die auf einer mindestens fahrlässigen, vom Dienstleister zu vertretenden Pflichtverletzung beruhen, haftet der Dienstleister unbeschränkt.

Der Dienstleister haftet weiterhin im Rahmen abgegebener Garantien sowie für Vorsatz und Fahrlässigkeit auch der gesetzlichen Vertreter und Erfüllungsgehilfen des Dienstleisters.

Soweit dem Dienstleister kein Vorsatz anzulasten ist, ist die Haftung jedoch beschränkt auf solche Schäden, mit deren Entstehung im Rahmen dieses Vertrages zum Zeitpunkt des Vertragsschlusses gerechnet werden muss. Die Haftung für die aus diesem Vertrag resultierenden Schäden und Aufwendungen bei leichter Fahrlässigkeit ist über die Regelung in vorstehendem Satz hinaus begrenzt auf einen Höchstbetrag in Höhe von 50.000 Euro.

Eine Haftung des Dienstleisters für einen Verlust oder eine unsachgemäße Änderung von Daten setzt zudem voraus, dass der Kunde mit der gebotenen Häufigkeit und Sorgfalt, jedoch mindestens einmal täglich, eine Datensicherung durchgeführt hat und diese gesicherten Daten zur Wiederherstellung der Daten genutzt werden können. Die Haftung des Dienstleisters ist dabei zusätzlich zu vorstehenden Haftungsbegrenzungen stets auf die Höhe des Aufwandes zur Wiederherstellung der nichtverfügbaren oder unsachgemäß veränderten Daten aus einer ordnungsgemäßen Datensicherung beschränkt.

Die Haftung nach dem Produkthaftungsgesetz bleibt unberührt.

5.14.2 Allgemeiner Hintergrund

Das BGB sieht vor, dass „der Schuldner" im Normalfall Vorsatz und Fahrlässigkeit zu vertreten hat:

§ 276 BGB - Verantwortlichkeit des Schuldners

(1) Der Schuldner hat Vorsatz und Fahrlässigkeit zu vertreten, wenn eine strengere oder mildere Haftung weder bestimmt noch aus dem sonstigen Inhalt des Schuldverhältnisses, insbesondere aus der Übernahme einer Garantie oder eines Beschaffungsrisikos zu entnehmen ist. Die Vorschriften der §§ 827 und 828 finden entsprechende Anwendung.

(...)

„**Vorsatz**" im Sinne der Vorschrift ist dabei das Wissen und Wollen der Verwirklichung eines Haftungstatbestandes. In aller Regel wird es nicht dem Verhalten zwischen Vertragspartnern entsprechen, dass eine Partei eben mit solchem Vorsatz den Vertrag verletzen will.

Im Zivilrecht kann die Entscheidung, ob Vorsatz oder Fahrlässigkeit vorliegt, ohnehin meist dahinstehen, da der Umfang der Haftung sich in keinem der Fälle ändert. Eine Ausnahme liegt dann vor, wenn – was sehr selten ist – eine Partei der anderen die Haftung praktisch umfassend erlassen will:

§ 276 BGB – Verantwortlichkeit des Schuldners
(...)
(3) Die Haftung wegen Vorsatzes kann dem Schuldner nicht im Voraus erlassen werden.

Selbst bei weitestgehender Ausschöpfung der rechtlichen Möglichkeiten und selbst bei individualvertraglicher Bestimmung bleibt die Vorsatzhaftung also bestehen: Wäre dies nicht so, begäbe sich der Geschädigte komplett in die Hand des Schädigers.

Im Fall von AGB kann aber auch diese Überlegung dahinstehen, denn hier kann nicht einmal die Haftung für grobe Fahrlässigkeit (also ein „Weniger" im Vergleich zum Vorsatz) ausgeschlossen werden. Dies bestimmt für den Rechtsverkehr von Unternehmern mit Verbrauchern § 309 Nr.7b BGB. Die Vorschrift stellt eine Grundentscheidung des Gesetzgebers dar. Nach den §§ 307, 310 Abs. 1 BGB ist daher auch im unternehmerischen Rechtsverkehr eine Freizeichnung für grobe Fahrlässigkeit nicht möglich. Durchaus möglich ist aber – in gewissen Grenzen – eine Freizeichnung für einfache Fahrlässigkeit. Anders ist dies im Fall von Individualverträgen: Hier sind Haftungsbegrenzungen sowohl für leichte als auch für grobe Fahrlässigkeit möglich.

Die Unterscheidung der verschiedenen Formen der **Fahrlässigkeit** ist also wichtig. Wie unterscheiden sich diese? Zum allgemeinen Begriff der Fahrlässigkeit definiert das Gesetz:

§ 276 BGB– Verantwortlichkeit des Schuldners
(...)
(2) Fahrlässig handelt, wer die im Verkehr erforderliche Sorgfalt außer Acht lässt.

Grobe Fahrlässigkeit ist dabei gegeben, wenn dem Schuldner ein besonders grober Verstoß gegen die objektiv erforderliche Sorgfalt vorgeworfen werden kann. Das ist dann der Fall, wenn auch ganz nahe liegende Überlegungen außer acht gelassen wurden, mithin das, was jedem hätte einleuchten müssen. Leichte Fahrlässigkeit ist gewissermaßen das, was „übrig bleibt", was also nicht grobe Fahrlässigkeit ist.

5.14.3 Zu den Regelungen im Einzelnen

Die Vorschläge versuchen, in der Ausgestaltung der Haftungsregeln einen Ausgleich zwischen den Interessen des Kunden und des Dienstleisters zu finden. Naturgemäß ist ersterer an einem möglichst umfassenden, letzterer an einem möglichst eingeschränkten Haftungsumfang interessiert. Der Mustertext orientiert sich dabei in vielen Aspekten – allerdings nicht durchgehend – an Regelungen, wie man sie auch in AGB treffen könnte. Denn den dort gefundenen Kompromissen wohnt ein gewisser Gerechtigkeitsgehalt inne. Zudem ist gerade die Frage der Haftung oft einer der besser „standardisierbaren" vertraglichen Punkte: Höhere Haftungsrisiken lassen sich am besten nicht durch Haftungsbeschränkungen ausgleichen, sondern durch eine konkrete Leistungsbeschreibung oder eine Haftungsprämie im Preis.

Zunächst wird bestimmt, dass die Haftung für mindestens fahrlässig verursachte Schäden aus der Verletzung des Lebens, des Körpers oder der Gesundheit den Dienstleister unbeschränkt trifft. Dies ist eine typisch AGB-rechtliche Regelung mit hohem Gerechtigkeitsgehalt: Diese Rechtsgüter sind besonders wertvoll und Schäden lassen sich „nur mit Geld" oft nicht wirklich beseitigen, so dass hier auch die volle Haftung gerechtfertigt ist. Das Haftungspotenzial bei der Umsetzung des vertragsgegenständlichen Projektes dürfte aber eher überschaubar sein. Das muss aber keineswegs für alle Projekte im IT- und Medienbereich gelten: Man denke nur an Systeme im Gesundheitsbereich, in Kraftwerken, im Automobilsektor etc.

Im nächsten Absatz wird festgehalten, dass der Dienstleister für Vorsatz und jede Form von Fahrlässigkeit haftet, und zwar auch bei Einsatz von Vertretern und Erfüllungsgehilfen. Alternativ wäre hier individualvertraglich denkbar, die Haftung für leichte Fahrlässigkeit auszunehmen. Es ist aber nicht recht einzusehen, warum der Dienstleister sich für diese Verschuldensform komplett freizeichnen können sollte: Der Schaden bleibt ja bestehen, ist dann aber vom Kunden zu tragen, der „noch weniger dafür kann".

Sachgerechter erscheint eine Differenzierung in der Haftungshöhe, wie sie im nächsten Absatz vorgeschlagen wird. Der Mustertext differenziert auf drei Stufen:

- Für Vorsatz wird **unbeschränkt** gehaftet. Das entspricht der zwingenden gesetzlichen Vorgabe und kann damit ohnehin nicht geändert werden
- Bei grober Fahrlässigkeit wird auf den typischen und vorhersehbaren Schaden gehaftet. Es wird also die Haftung für **atypische** Kausalverläufe ausgeschlossen.
- Bei leichter Fahrlässigkeit wird zudem noch eine **Deckelung** auf einen fixen Betrag eingeführt. Dies macht den Umfang der Haftung für die Parteien kalkulierbar. Wie hoch dieser Betrag sein kann wird sich nach den konkreten Verhältnissen im Projekt, dem Risiko und natürlich der Höhe der Vergütung richten. Alternativ kann statt einer fixen Summe auch ein prozentualer Betrag bzw. ein Mehrfaches der Vergütung vereinbart werden. Wenn auch schon mehrfach darauf hingewiesen wurde: Gerade dieser Punkt muss in jedem Fall individualvertraglich ausgehandelt werden.

Der vorletzte Absatz beschäftigt sich mit den – bei Projekten im Bereich IT und neue Medien ja immer wieder relevanten – Schäden durch den Verlust von **Daten**. Als Voraussetzung der Haftung des Dienstleisters wird vereinbart, dass der Kunde seine Daten ordnungsgemäß sichert. Der Dienstleister soll nicht haften müssen, wenn Schäden – jedenfalls in weiten Teilen – auf mangelnde Organisation der internen Prozesse beim Kunden (mit-) zurückzuführen sind. Entsprechend wird die Haftung nachfolgend auch der Höhe nach auf den Wiederherstellungsaufwand der gesicherten und ggf. der seit der letzten regulären Datensicherung noch nicht gesicherten und damit nicht aus der Datensicherung wiederherstellbaren Daten begrenzt.

Im letzten Absatz des Regelungsvorschlages wird klargestellt, dass die Regeln des **Produkthaftungsgesetzes** unberührt bleiben. Gerade bei der individuellen Erstellung von Projektleistungen wird das Produkthaftungsgesetz kaum je einschlägig sein. Bei der Lieferung etwa von Standard-Software wird der Punkt aber durchaus in der juristischen Literatur diskutiert, auch wenn der Frage in der Praxis keine übergroße Bedeutung zukommt. Da das Produkthaftungsgesetz aber dann, wenn es anwendbar sein sollte, nach seinem § 14 auch durch Individualvereinbarungen nicht abbedungen werden darf, empfiehlt sich eine Klausel wie die vorgeschlagene für den „Fall der Fälle".

5.15 Geheimhaltung

5.15.1 Vertragstext

15. Geheimhaltung

Die Vertragsparteien vereinbaren Vertraulichkeit über Inhalt und Konditionen dieses Vertrages, über die bei dessen Abwicklung gewonnenen Erkenntnisse sowie über Geschäftsgeheimnisse und Knowhow der betroffenen Partei, die der jeweils anderen Partei im Rahmen oder bei Gelegenheit der Vertragsdurchführung bekannt werden.

Die Vertraulichkeit gilt auch über die Beendigung des Vertragsverhältnisses hinaus.

Wenn eine Vertragspartei dies verlangt, sind die von ihr übergebenen Unterlagen nach Beendigung des Vertragsverhältnisses an sie herauszugeben bzw. Daten zu löschen, soweit die andere Vertragspartei kein berechtigtes Interesse an diesen geltend machen kann.

Der Kunde wird darauf hingewiesen, dass Email ein offenes Medium ist. Der Dienstleister übernimmt keine Haftung für die Vertraulichkeit von Emails. Auf Wunsch des Kunden kann die Kommunikation über andere Medien geführt werden.

5.15.2 Allgemeiner Hintergrund

Beide Vertragsparteien haben ein Interesse an der Geheimhaltung verschiedener Umstände. Durch die enge Zusammenarbeit gewinnen beide Parteien Erkenntnisse über die jeweils andere Partei, die nicht an die Öffentlichkeit oder in die Hände von Wettbewerbern gehören. Das betrifft beim Kunden etwa Einzelheiten über sein Geschäft, die strategische Ausrichtung, Planungen oder einfach Informationen über interne Abläufe. Der Dienstleister wiederum wird durchaus vermeiden wollen, dass potenzielle weitere Kunden oder auch Wettbewerber erfahren, welche Rabatte er dem Kunden eingeräumt oder welche sonstigen Zugeständnisse er gemacht hat. Die Parteien sollen von diesen Informationen allein zu Zwecken der Erfüllung ihrer vertraglichen Verpflichtungen Gebrauch machen können.

Während der Laufzeit des Vertrages ergeben sich Verpflichtungen zu Vertraulichkeit und Geheimhaltung bereits aus den allgemeinen vertraglichen Nebenpflichten. Der Verrat von Geschäfts- und Betriebsgeheimnissen sowie – im Verhältnis von Dienstleister zum Kunden besonders relevant – die unbefugte Verwertung von Vorlagen werden zudem durch die §§ 17 und hier relevant vor allem 18 des Gesetzes gegen den unlauteren Wettbewerb (UWG) geschützt:

§ 18 UWG - Verwertung von Vorlagen

(1) Wer die ihm im geschäftlichen Verkehr anvertrauten Vorlagen oder Vorschriften technischer Art, insbesondere Zeichnungen, Modelle, Schablonen, Schnitte, Rezepte, zu Zwecken des Wettbewerbs oder aus Eigennutz unbefugt verwertet oder jemandem mitteilt, wird mit Freiheitsstrafe bis zu zwei Jahren oder mit Geldstrafe bestraft.

(2) Der Versuch ist strafbar.

Das UWG stellt dabei in § 18 auf „technische" Vorlagen und Vorschriften ab. Es erfasst nicht alle Fälle, in denen unter Geltung des Projektvertrages ein Bedürfnis nach Vertraulichkeit besteht. Die allgemeinen vertraglichen Nebenpflichten wiederum sind ein breiter und auslegbarer Begriff. Es empfehlen sich daher ausdrückliche Regelungen.

5.15.3 Zu den Regelungen im Einzelnen

Der erste Absatz des Mustertextes konkretisiert die **allgemeinen Pflichten** zur Geheimhaltung und führt insbesondere auf, welche Informationen die Parteien als vertraulich einstufen. Diese Aufzählung kann und sollte weiter spezifiziert und den konkreten Erfordernissen des Projekts angepasst werden

Der zweite Absatz stellt klar, dass die Verpflichtung zur Vertraulichkeit auch über das Vertragsende hinaus besteht.

Im vorletzten Absatz der Musterklausel wird geregelt, wie mit v**erkörperten Informationen** und **elektronischen Daten** verfahren werden soll, die von den Parteien ausgetauscht wurden. Je mehr dieser bei der anderen Partei vorhanden sind und je länger dies der Fall ist, desto größer die Gefahr, dass diese Dritten bekannt werden. Die Unterlagen sind daher im weitest möglichen Umfang zurückzugeben, Daten zu löschen. Soweit die Parteien ein berechtigtes Interesse geltend machen können, das etwa aus rechtlichen und vor allem steuerlichen Aufbewahrungspflichten herrühren kann, dürfen die Unterlagen oder Daten freilich bei ihr verbleiben.

Der letzte Absatz enthält keine Regelung im eigentlichen Sinn sondern einen Hinweis an den Kunden bezüglich der Kommunikation über (unverschlüsselte) Email. Dies empfiehlt sich zur Vermeidung der Argumentation, dass man – hätte man nur von dieser Unsicherheit gewusst – auf andere Kommunikationsmittel zur Sicherstellung der Vertraulichkeit ausgewichen wäre.

5.15.4 Weitere sinnvolle Regelungen

Die Einhaltung der Bestimmungen über die Geheimhaltung kann durch **Prüfrechte** gesichert, Verstöße durch **Vertragsstrafen** oder pauschalierte Schadenssätze sanktioniert werden. Ohne diese Instrumente wird mangels Nachweisbarkeit eines konkreten Schadens die Durchsetzung der Geheimhaltungsabreden oft schwerfallen.

Häufig werden die Parteien eine explizite Geheimhaltungsvereinbarung bereits während der **Vertragsverhandlungen** unterzeichnen, die ggf. eine nochmalige Regelung im Projektvertrag ersetzen kann. Solche vorvertraglichen Regelungen sind immer dann sinnvoll, wenn schon während der Vertragsverhandlungen Interna, Knowhow und Betriebsgeheimnisse ausgetauscht werden. Bei komplexen Projekten ist dies häufig der Fall, da andernfalls schon die Erstellung eines Angebotes schwerfällt.

Oft enthalten Geheimhaltungsverpflichtungen auch Regelungen über den **Datenschutz**. Im Musterfall wird der Dienstleister allerdings kaum mit personenbezogenen Daten arbeiten, bzw. diese Daten werden solche der Mitarbeiter des Kunden sein. Vorliegend sind spezielle Regelungen diesbezüglich entbehrlich. Die notwendigen Rechte zur Verarbeitung solcher personenbezogener Daten räumen die gesetzlichen Grundlagen, hier vor allem das Bundesdatenschutzgesetz, dem Dienstleister ohnehin ein:

§ 28 BDSG - Datenerhebung, -verarbeitung und -nutzung für eigene Zwecke

(1) Das Erheben, Speichern, Verändern oder Übermitteln personenbezogener Daten oder ihre Nutzung als Mittel für die Erfüllung eigener Geschäftszwecke ist zulässig,

    1. wenn es der Zweckbestimmung eines Vertragsverhältnisses oder vertragsähnlichen Vertrauensverhältnisses mit dem Betroffenen dient,

    2. soweit es zur Wahrung berechtigter Interessen der verantwortlichen Stelle erforderlich ist und kein Grund zu der Annahme besteht, dass das schutzwürdige Interesse des Betroffenen an dem Ausschluss der Verarbeitung oder Nutzung überwiegt, oder

    3. wenn die Daten allgemein zugänglich sind oder die verantwortliche Stelle sie veröffentlichen dürfte, es sei denn, dass das schutzwürdige Interesse des Betroffenen an dem Ausschluss der Verarbeitung oder Nutzung gegenüber dem berechtigten Interesse der verantwortlichen Stelle offensichtlich überwiegt. (...)

Vergleichbare Regelungen finden sich auch in den – je nach konkreter Ausgestaltung der Geschäftsbeziehung anwendbaren – spezielleren Datenschutzregelungen.

Anders kann der Fall liegen, wenn der Dienstleister während des Projektes mit Echtdaten von Endkunden arbeitet, Zugriff auf das Altsystem des Kunden mit dessen Endkundendaten erlangt oder ähnliche Gestaltungen vorliegen. Je nach konkretem Fall kann hier eine Funktionsübertragung oder eine Auftragsdatenverarbeitung vorliegen. In diesen Fällen werden gesonderte Regelungen im Vertrag erforderlich sein. Für den Fall der Auftragsdatenverarbeitung bestimmt § 11 BDSG schon eine Reihe von formalen und inhaltlichen Verpflichtungen, denen im Projektvertrag Rechnung getragen werden muss. Die Vorschrift lautet:

§ 11 BDSG - Erhebung, Verarbeitung oder Nutzung personenbezogener Daten im Auftrag

(1) Werden personenbezogene Daten im Auftrag durch andere Stellen erhoben, verarbeitet oder genutzt, ist der Auftraggeber für die Einhaltung der Vorschriften dieses Gesetzes und anderer Vorschriften über den Datenschutz verantwortlich. (...)

(2) Der Auftragnehmer ist unter besonderer Berücksichtigung der Eignung der von ihm getroffenen technischen und organisatorischen Maßnahmen sorgfältig auszuwählen. Der Auftrag ist schriftlich zu erteilen, wobei die Datenerhebung, -verarbeitung oder -nutzung, die technischen und organisatorischen Maßnahmen und etwaige Unterauftragsverhältnisse festzulegen sind. Er kann bei öffentlichen Stellen auch durch die Fachaufsichtsbehörde erteilt werden. Der Auftraggeber hat sich von der Einhaltung der beim Auftragnehmer getroffenen technischen und organisatorischen Maßnahmen zu überzeugen. (...)

Insbesondere die Festlegung der „technischen und organisatorischen Maßnahmen" verlangt eine eigenständige Regelung oder Anlage zum Vertrag, die Einzelheiten der Prüf- und Kontrollrechte des Kunden sollten ebenfalls festgehalten werden.

Für den Fall der – wohl häufiger gegebenen – Funktionsübertragung sind nach § 28 BDSG die Interessen der Betroffenen und der für die Datenverarbeitung verantwortlichen Stellen miteinander abzuwägen.

5.16 Referenznennung

5.16.1 Vertragstext

16. Referenznennung

Presseerklärungen, Auskünfte etc., in denen eine Vertragspartei auf die andere Bezug nimmt, sind nur nach vorheriger schriftlicher Abstimmung – auch per Email – zulässig. Ungeachtet dessen darf der Dienstleister den Kunden auf seiner Web-Site oder in anderen Medien als Referenzkunden nennen und auf die erbrachten Leistungen im Rahmen der Eigenwerbung hinweisen, es sei denn, der Kunde hat dem Dienstleister ein entgegenstehendes berechtigtes Interesse mitgeteilt.

5.16.2 Allgemeiner Hintergrund

Erstaunlich häufig entsteht in der Praxis Streit darüber, ob und in welcher Weise der Kunde als Referenz für die Leistungen des Dienstleisters benannt werden kann. Es ist keineswegs selbstverständlich, dass es sich der Kunde gefallen lassen muss, dass er mit seinem Projekt gleichsam in die Öffentlichkeit gezerrt wird. Eine ausdrückliche Regelung ist schon aus diesem Grund erforderlich.

5.16.3 Zu den Regelungen im Einzelnen

Vorliegend wird eine relativ einfache Regelung vorgeschlagen. Diese erlaubt dem Dienstleister zunächst die **Nennung** des Kunden als solchen und den allgemeinen Hinweis auf die erbrachten oder zu erbringenden Leistungen im Rahmen der Eigenwerbung. Entgegenstehende berechtigte Interessen kann der Kunde freilich geltend machen. Weitergehendes, insbesondere Presseerklärungen, umfangreichere Auskünfte und ähnliches, sind aber mit dem Kunden abzustimmen.

Weitere Regelungen sind vielfältig denkbar. So kann etwa vorgesehen werden, dass der Kunde nicht nur als Referenz benannt werden darf, sondern auch für **Referenzveranstaltungen** im Rahmen der Kundenakquisition des Dienstleisters in einem bestimmten Umfang zur Verfügung steht. Im vorliegenden Musterfall hatte der Kunde ja selbst Gelegenheit, sich bei Referenzkunden über vom Dienstleister bereits durchgeführte Projekte zu informieren.

Soll der Kunde nicht nur genannt werden, sondern über ihn auch eine Case Study o.Ä. erstellt werden, so sollte dies in jedem Fall gesondert vereinbart werden. Denn hier werden häufig ernsthafte Geheimhaltungsinteressen des Kunden berührt werden: Welches Unternehmen will schon, dass Details des laufenden Systems nebst einer Besprechung der Mängel des Altsystems detailliert beschrieben als Anschauungsmaterial für Wettbewerber im Internet zum Abruf bereit stehen?

Recht häufig finden sich in Verträgen auch Regelungen über gezielt gemeinsam betriebene **Pressearbeit**. So können etwa Presseerklärungen durch die Parteien gemeinsam abgestimmt und veröffentlicht werden oder der Dienstleister wird in den Prozess der Erstellung eines Beitrags für die Hauszeitschrift des Kunden einbezogen. Letzteres ist übrigens ohnehin immer eine gute Idee. In unserem Musterfall wird ja ein Altsystem durch eine neue Lösung ersetzt. Es wird beim Kunden immer Mitarbeiter geben, die am Altsystem hängen. Es ist daher keinesfalls schädlich, das Projekt auch diesem Personenkreis zumindest vorzustellen: Ein Teil der Ablehnung beruht oft auf mangelnder Kenntnis der Vorzüge der neuen Lösung.

5.17 Wettbewerb

5.17.1 Vertragstext

17 Weitere Kundenprojekte

Der Dienstleister ist frei - auch während der Laufzeit dieses Vertrages - für andere Unternehmen jeglicher Branchen tätig zu werden. Das betrifft insbesondere auch Unternehmen, die in derselben Branche wie der Kunde tätig sind.

Die Bestimmungen dieses Vertrages über die Geheimhaltung (Ziffer 15) bleiben unberührt.

5.17.2 Allgemeiner Hintergrund

An diesem Punkt der Vereinbarung geht es um die Frage, ob und ggf. in welchem Umfang der Dienstleister auch für Dritte tätig werden darf, insbesondere für solche, die in **Konkurrenz** zum Kunden stehen. Hier sind die Interessenlagen der Parteien oft ganz verschieden.

Der Dienstleister möchte natürlich für so viele Kunden wie möglich tätig werden. Der Kunde dagegen wird Bedenken haben, wenn der Dienstleister auch Projekte für direkte Konkurrenten durchführt, wünscht sich aber andererseits häufig einen Vertragspartner mit erheblicher Branchenkenntnis und umfangreichen Erfahrungen.

In keinem Fall wird der Kunde im vorliegenden Fall wünschen, dass er Anpassungen und Erweiterungen des beim Dienstleister bereits vorhandenen Systems zahlt, die dieser später als Standardmodule günstig in sein System einfügen und verkaufen kann: so kämen die Aufwendungen des Kunden indirekt der Konkurrenz zugute. Diese Frage wird allerdings sinnvollerweise nicht beim vorliegenden Regelungskomplex behandelt, sondern bei der Rechteeinräumung. Diese kann etwa für die Standardmodule einfach, für spezifische Anpassungen und Erweiterungen dagegen exklusiv ausgestaltet sein.

5.17.3 Zu den Regelungen im Einzelnen

Die konkret vorgeschlagene Regel ist einfach gehalten: Der Dienstleister kann frei auch für Konkurrenten des Kunden tätig werden. Im Musterfall wird ja letztlich ein Standardsystem angepasst, das ganz selbstverständlich dafür vorgesehen ist, auch bei weiteren Interessenten in ähnlicher Weise eingesetzt zu werden. Je nach konkreter Interessenslage sind selbstverständlich umfangreichere und feiner differenzierende Regelungen denkbar und sinnvoll.

In keinem Fall aber darf die Tätigkeit für einen Konkurrenten dazu führen, dass **Geheimhaltungsabreden** der Parteien torpediert werden. Dies ist selbstverständlich, wird der Vollständigkeit halber aber nochmals durch den zweiten Absatz des Mustertextes klargestellt.

5.18 Laufzeit und Beendigung

5.18.1 Vertragstext

18. Laufzeit und Beendigung

Der Vertrag ist durch den Kunden jederzeit kündbar. Im Fall der Kündigung in der Planungsphase ist der Dienstleister berechtigt, die vereinbarte Vergütung für die Planungsphase zu verlangen, im Fall der Kündigung in der Ausführungsphase die vereinbarte Vergütung auch für die Ausführungsphase. Anzurechen ist jeweils, was der Dienstleister an Aufwendungen erspart oder durch anderweitige Verwendung seiner Arbeitskraft erwirbt oder böswillig zu erwerben unterlässt.

Das Recht beider Vertragsparteien zur Kündigung aus wichtigem Grund bleibt unberührt.

5.18.2 Allgemeiner Hintergrund

Projektverträge sind, das wurde bereits festgestellt, Vertragsverhältnisse über eine gewisse Dauer. Hier besteht ein Bedürfnis jedenfalls des Kunden, nicht notwendigerweise an den Dienstleister gebunden zu sein. Vielleicht stellt sich ein Projekt als Fehler heraus, vielleicht fühlt sich der Kunden einfach mit dem Dienstleister „unwohl". In solchen Fällen kann ihm daran gelegen sein, den Projektvertrag zu beenden.

Für die **Lösung vom Vertrag** bestehen verschiedene Möglichkeiten, die aber teilweise besondere Vereinbarungen der Parteien oder das Vorliegen bestimmter Umstände voraussetzen. So kann ein Vertrag aufgehoben oder angefochten werden, es kann zurückgetreten werden, die Vertragsgrundlage kann entfallen. Der typische Fall der Beendigung jedenfalls des nicht fehlgeschlagenen Projektvertrages (beim Fehlschlagen wird oft zurückgetreten werden) ist die Kündigung.

Das gesetzliche Leitbild des Werkvertrages, dem der hier gemachte Vorschlag folgt, sieht eine solche Kündigungsmöglichkeit des Bestellers vor und regelt auch die entsprechenden Rechtsfolgen:

§ 649 BGB - Kündigungsrecht des Bestellers
Der Besteller kann bis zur Vollendung des Werkes jederzeit den Vertrag kündigen. Kündigt der Besteller, so ist der Unternehmer berechtigt, die vereinbarte Vergütung zu verlangen; er muss sich jedoch dasjenige anrechnen lassen, was er infolge der Aufhebung des Vertrags an Aufwendungen erspart oder durch anderweitige Verwendung seiner Arbeitskraft erwirbt oder zu erwerben böswillig unterlässt.

Nach der gesetzlichen Vorgabe muss sich dagegen der Dienstleister in der Regel am Vertrag festhalten lassen. Etwas anderes kommt nach § 643 BGB nur dann in Betracht, wenn der Kunde notwendige Mitwirkungsleistungen unterlässt. Vergleiche hierzu unter Punkt 5.6.6.

5.18.3 Zu den Regelungen im Einzelnen
Der Vorschlag des Mustervertrages ist – mit einigen Modifikationen – den gesetzlichen Vorgaben nachgebildet.

5.18.3.1 Ordentliche Kündigung
Die Regelung sieht vor, dass der Kunde den Vertrag jederzeit kündigen kann. Der Dienstleister soll berechtigt sein, den **Vergütungsanteil** zu verlangen, der auf die jeweilige Phase entfällt, innerhalb derer gekündigt wird; ggf. also nicht die Gesamtvergütung.

Anzurechnen ist aber, was der Dienstleister an Aufwendungen erspart, anderweitig mit den durch die Kündigung freiwerdenden Ressourcen erwirbt oder zu erwerben unterlässt.

Zu diesen Regelungen können im Einzelfall vielfältige Ergänzungen geboten sein. Bezieht der Auftragnehmer etwa Teile seiner Leistungen von Dritten, z.B. Standard-Software, die er an die Erfordernisse des Kunden anpasst, so kann er ein großes Interesse daran haben, dass der Kunde in jedem Fall die auf den Lizenzanteil entfallende Vergütung zahlt, unabhängig davon, wie früh oder spät in der jeweiligen Leistungsphase der Vertrag gekündigt wird. Ähnliche Fragen stellen sich bei der Einschaltung von Subunternehmern. Solche Punkte sollten explizit geregelt werden.

Die Regelung ist in der vorgeschlagenen Art und Weise natürlich nur für Projekte sinnvoll, die nach Fixpreisen abgerechnet werden. Bei nach **Aufwand** vergüteten Projekten fehlt es schon an einer Kalkulationsgrundlage. Hier könnte stattdessen geregelt werden, dass der Dienstleister im Fall der Kündigung seine Vorhaltekosten (ggf. pauschaliert) ersetzt erhält.

5.18.3.2 Außerordentliche Kündigung
Das Recht zur Kündigung aus wichtigem Grund bei Dauerschuldverhältnissen kann nicht ausgeschlossen werden. Das ergibt sich ohne weiteres aus dem nicht dispositiven Gesetzesrecht:

§ 314 BGB - Kündigung von Dauerschuldverhältnissen aus wichtigem Grund
(1) Dauerschuldverhältnisse kann jeder Vertragsteil aus wichtigem Grund ohne Einhaltung einer Kündigungsfrist kündigen. Ein wichtiger Grund liegt vor, wenn dem kündigenden

Teil unter Berücksichtigung aller Umstände des Einzelfalls und unter Abwägung der bei-
derseitigen Interessen die Fortsetzung des Vertragsverhältnisses bis zur vereinbarten
Beendigung oder bis zum Ablauf einer Kündigungsfrist nicht zugemutet werden kann.
(…)

Typische Gründe sind etwa die Verletzung von vertraglichen Pflichten über die Geheimhaltung oder die Hinwegsetzung über Konkurrenzverbote.

Der Begriff des „wichtigen Grundes" ist natürlich relativ unscharf, da das Gesetz nicht
alle erdenklichen Gründe antizipieren kann, die in der Praxis auftreten werden. Häufig wird
es sich im Vertrag daher anbieten, bestimmte Gründe, bei denen bereits jetzt abgesehen
werden kann, dass sie das Vertrauensverhältnis der Parteien zerstören würden, als jedenfalls
ausreichend für eine außerordentliche Kündigung festzulegen.

Auch beim Vorliegen eines wichtigen Grundes sind aber vor Ausspruch einer außerordent-
lichen Kündigung des Projektvertrages weitere Anforderungen zu beachten. Die Vorschrift
des § 314 BGB lautet weiter:

(2) Besteht der wichtige Grund in der Verletzung einer Pflicht aus dem Vertrag, ist die
Kündigung erst nach erfolglosem Ablauf einer zur Abhilfe bestimmten Frist oder nach
erfolgloser Abmahnung zulässig. (…)

Im Rückschluss ist eine **Abmahnung** oder Fristsetzung vor Kündigung also dann nicht
erforderlich, wenn der Grund, der das Vertrauensverhältnis der Parteien erschüttert, aus
einem Umstand außerhalb des Vertrages herrührt. Eine Abmahnung ist ferner entbehrlich,
wenn eine Vertragsverletzung so schwerwiegend ist, dass eine sofortige Beendigung des
Vertrages gerechtfertigt erscheint.

Zuletzt sind bei der Kündigung Fristen zu beachten:

(3) Der Berechtigte kann nur innerhalb einer angemessenen Frist kündigen, nachdem er
vom Kündigungsgrund Kenntnis erlangt hat.

Diese Regelung wird sehr verständlich wenn man bedenkt, dass ein Umstand, der vermeintlich das Vertrauensverhältnis der Parteien zerstört und damit zu einer Kündigung
berechtigen soll, „so schlimm" kaum gewesen sein kann, wenn die beschwerte Partei trotz
Kenntnis des Grundes erst einmal längere Zeit den Vertrag fortsetzt. Welche Frist im Einzelfall angemessen ist, kann nicht abstrakt bestimmt werden. Wird mit der Kündigung länger
als einen Monat zugewartet, so wird dies jedenfalls im Regelfall ohne besondere Rechtfer-
tigung schon zu lang sein.

5.19 Anlagenverzeichnis

5.19.1 Vertragstext

19. Anlagenverzeichnis

Die Anlagen, auf die in diesem Vertrag Bezug genommen wird, sind integraler Bestandteil dieses Vertrages. Zum Vertrag gehören folgenden Anlagen:

Lastenheft..Anlage 1
Projektleiter und Stellvertreter...Anlage 2
Pflichtenheft (zu erstellen)...Anlage 3
Einzelheiten zur Nennung des Dienstleisters ....Anlage 4
Mitwirkungsleistungen / Beistellungen..Anlage 5
Aufstellung benötigte Hard- und Software....................................Anlage 6
Abnahmekriterien System ....Anlage 7
Vergütungsvereinbarungen..Anlage 8

5.19.2 Hintergrund

Der vorliegende Mustervertrag ist sehr modular aufgebaut. Der hier besprochene Text, der „juristische Teil" des Vertrages, bildet lediglich den Rahmen für viele weitere – vor allem technische – Regelungen, ist gleichsam die Klammer, die vor weitere **Detailregelungen** gezogen wird. Der Vertrag ist erst mit all seinen Anlagen vollständig. Es ist daher wichtig, klar und unmissverständlich sämtliche relevanten Anlagen zu Vertragsbestandteilen zu erklären um sie so in die Vereinbarung einzubeziehen.

Diese Regelungstechnik hat eine ganze Reihe von Vorteilen.

Bereits in der Verhandlungsphase kann der Vertrag in seinen Einzelheiten von Fachleuten betreut werden: Fachleute können sich um Spezifikationen, technische Voraussetzungen und Abnahmekriterien kümmern, Kaufleute die Vergütung verhandeln, das zukünftige Projekt-Management verhandelt mit Hilfe der juristischen Berater den hier am Beispiel besprochenen Text.

Werden später – nach einem festgelegten Verfahren – vertragliche Änderungen oder Ergänzungen vorgenommen, so kann dies in den Anlagen geschehen, ohne, dass weitere Vertragsteile betroffen sind. Die Komplexität eines Projekts bleibt so auch in der Papierlage beherrschbar.

Das Anlagenverzeichnis im Vertrag schafft Übersicht über die Anlagen, dient aber auch der Klarstellung, dass diese zum Vertrag gehören. Bei formbedürftigen Verträgen (im Vorschlag wird später Schriftform vereinbart) ist dies dringend notwendig, da die Anlagen, so sie nicht gesondert unterzeichnet werden, sonst möglicherweise die Form nicht wahren (vgl. dazu unten Punkt 5.20.3.5).

5.20 Schlussbestimmungen

5.20.1 Vertragstext

20. Schlussbestimmungen

20.1 Abtretung, Subunternehmer, Übertragung

Der Dienstleister ist berechtigt, einzelne Rechte aus dieser Vereinbarung an Dritte abzutreten. Er ist hinsichtlich seiner Pflichten aus dem Vertrag berechtigt, Subunternehmer zu beauftragen. Er ist nicht berechtigt, den Gesamtvertrag als solchen ohne vorherige Zustimmung des Kunden an Dritte zu übertragen.

20.2 Austauschvertrag, Vertretung

Eine gesellschaftsrechtliche Verbindung zwischen den Parteien wird durch diesen Vertrag weder begründet, noch liegt sie ihm zugrunde. Ohne gesonderte schriftliche Vereinbarung ist keine Partei zur Vertretung der anderen berechtigt.

20.3 Gerichtsstand und Vertragsstatut

Auf diesen Vertrag ist ausschließlich deutsches Recht für Inlandsgeschäfte anzuwenden.

Ausschließlicher Gerichtsstand für alle Streitigkeiten aus diesem Vertrag ist der Sitz des Kunden. Zwingende gesetzliche Gerichtsstände nach deutschem Recht bleiben unberührt.

20.4 Vollständigkeit, keine Nebenabreden

Dieser Vertrag stellt die gesamte Vereinbarung zwischen den Parteien bezüglich des vorliegenden Vertragsgegenstands dar und ersetzt alle vorhergehenden mündlichen oder schriftlichen Abreden. Nebenabreden sind nicht getroffen.

20.5 Schriftform, Protokolle

Dem Vertragsschluss nachfolgende mündliche Abreden der Parteien sind in jedem Fall schriftlich oder in einem Protokoll (vgl. Punkt 4.3 dieses Vertrages) zu bestätigen. Dies gilt auch für die Aufhebung des Schriftformerfordernisses.

20.6 Teilunwirksamkeit, Salvatorische Klausel

Ist oder wird eine Bestimmung dieses Vertrages unwirksam oder nichtig, bleibt die Wirksamkeit des Vertrages im Übrigen unberührt; § 139 BGB wird abbedungen.

Soweit der Vertrag Regelungslücken aufweist, werden diese durch eine Regelung gefüllt werden, die dem wirtschaftlichen Zweck des Vertrages Rechnung trägt.

5.20.2 Allgemeiner Hintergrund

Häufig findet man am Ende eines umfangreicheren Vertrages eine Reihe von Bestimmungen, die mit „Schlussbestimmungen" oder „Sonstiges" allgemein beschrieben werden. Typischerweise haben diese Klauseln inhaltlich wenig miteinander zu tun, sie finden aber auch sonst keinen logisch zwingenden anderweitigen Platz im Text.

5.20.3 Zu den Regelungen im Einzelnen

5.20.3.1 Abtretung, Subunternehmer, Übertragung

Die Regelung behandelt mehrere Punkte, die oft zusammengefasst werden. Sie gibt dabei zunächst nur das auch ohne gesonderte Bestimmung ohne weiteres geltende Recht wieder. Es ist dennoch richtig und wichtig, diese Fragen anzusprechen.

Zunächst geht es um die **Abtretung** von Rechten aus dem Vertrag, die dem Dienstleister möglich sein soll, was auch der gesetzlichen Vorgabe entspricht. Das wird in der Regel vor allem Vergütungsansprüche betreffen. Eine Abtretung dieser kann in einer Reihe von Fallgestaltungen sinnvoll sein, nicht zuletzt als Sicherungsmittel gegenüber Banken und sonstigen Kreditgebern. Auch wenn eine solche Verwendung nicht geplant ist, erhöht allein die Möglichkeit der Abtretung doch die Flexibilität des Dienstleisters.

Im nächsten Satz behandelt die Klausel die Beauftragung von **Subunternehmern**. Diese steht dem Dienstleister an sich frei – es ist seine Aufgabe sicherzustellen, wie er den Vertrag erfüllt; ggf. eben auch durch die Einschaltung Dritter. Es dient aber der Offenheit zwischen den Vertragspartnern, wenn der Dienstleister dem Kunden mitteilt, dass er beabsichtigt, ggf. Subunternehmer einzusetzen oder sich dies jedenfalls vorbehält. Dabei müssen ja Subunternehmer nicht einmal unbedingt völlig unbekannte Dritte sein, sondern es kann sich auch um verbundene Unternehmen handeln.

Gerade an dieser Stelle bieten sich ggf. eine Reihe von zusätzlichen Regelungen an. Diese werden häufig dazu dienen, dem Kunden – der sich ja nicht ohne Grund gerade den Dienstleister als Vertragspartner ausgesucht hat – ein gewisses Maß an Mitbestimmung über den Subunternehmer zu geben. So kann etwa bestimmt werden:

- Subunternehmer sind vom Kunden zu genehmigen oder können jedenfalls beim Vorliegen wichtiger Grunde im konkreten Fall abgelehnt werden.
- Es dürfen nur Unternehmen als Subunternehmer beauftragt werden, die bestimmte Voraussetzungen erfüllen, etwa zertifiziert sind.
- Subunternehmer dürfen nur mit dem Dienstleister verbundene Unternehmen sein.
- Es ist nachzuweisen, dass der Subunternehmer auf die Vertraulichkeitsbestimmungen des Vertrages verpflichtet wurde.

Zuletzt geht es in Satz 3 der Regelung um die vollständige **Abtretung des Vertrages**, die nicht möglich sein soll. Das ist in aller Regel auch richtig so. Es ist dem Kunden kaum zuzumuten, dass er – ohne Einfluss nehmen zu können – einfach einen neuen Vertragspartner „vor die Nase gesetzt bekommt".

In bestimmten Fällen kann ein vollständiger Austausch eines Vertragspartners sinnvoll sein. Etwa, wenn eine Schlüsselperson das Unternehmen des Dienstleisters verlässt und dieser ohne diese den Vertrag nicht erfüllen kann oder wenn der Dienstleister in eine offensichtliche Krise gerät. In diesen Fällen können aber individuelle Lösungen gefunden werden, eine Verankerung im Projektvertrag ist in der Regel nicht sinnvoll.

5.20.3.2 Austauschvertrag, Vertretung

Die Zusammenarbeit zweier oder mehrerer natürlicher oder juristischer Personen kann rechtlich verschieden bewertet werden. Sie können einerseits Parteien eines gewöhnlichen schuldrechtlichen Austauschvertrages sein. Sie können aber auch ein gemeinsames Ziel in **gesellschaftsrechtlicher Verbindung** verfolgen. Dieses Ziel ist aber oft nicht die Abwicklung eines Projekts wie des hier diskutierten. Denn das Projektergebnis als solches will hier vor allem der Kunde, dem Dienstleister geht es eher um das Entgelt.

Dies stellt die Klausel klar. Ohne besondere Regelung ist das nicht in allen Fällen selbstverständlich. Wenn etwa das Ergebnis eines Projektes selbst wieder nur ein Teil eines Projektes ist, bei dem der Kunde seinerseits Auftragnehmer ist, kann zwischen den Parteien durchaus auch eine Gesellschaft bürgerlichen Rechts in Form einer sog. ARGE vorliegen, bei der aber nach außen nur ein Unternehmen auftritt. Vergleiche hierzu auch Punkt 5.1.

5.20.3.3 Vertragsstatut und Gerichtsstand

Die Frage, welches **Recht** vereinbart werden soll, ist häufig gar nicht einfach zu beantworten, jedenfalls dann, wenn Parteien aus unterschiedlichen Ländern miteinander kontrahieren. Die Rechtsordnungen der EU-Länder sind trotz Harmonisierung bereits recht verschieden. Wird es noch „internationaler" – und das beginnt schon bei der Schweiz! – werden die Unterschiede noch deutlicher.

Die Frage der „richtigen" Rechtsordnung stellt sich allerdings in ganz besonderem Maße dann, wenn ein Vertrag geschlossen werden soll, der nach deutschem Recht den Regelungen über Allgemeine Geschäftsbedingungen unterläge. Hier ist das (teils allerdings EU-harmonisierte) deutsche Recht, insbesondere in der oft kunstvollen Fortschreibung durch die Rechtsprechung, so komplex und so wenig flexibel, dass es schon fast einem Standortnachteil gleichkommt.

In unserem Fall einer **individualvertraglichen** Vereinbarung stellen sich diese Fragen allerdings nicht: Hier sind die Parteien weitgehend frei in ihren Vereinbarungen. Vorliegend wird vorgeschlagen, deutsches Recht zu vereinbaren.

Vermieden werden sollte im Anschluss daran in jedem Fall die Vereinbarung des Rechts eines Landes, wenn die **Gerichtszuständigkeit** in einem anderen Land liegt. Es ist ein weit verbreiteter Irrtum, dass, wenn die deutschen Gerichte zuständig sind, gleichsam automatisch auch deutsches Recht gilt. Das ist nicht der Fall. Vielmehr richtet sich die Frage, welches Recht anwendbar ist, nach den Regeln des so genannten „Internationalen Privatrechts", das im „Einführungsgesetz zum Bürgerlichen Gesetzbuche" (EGBGB) geregelt ist. Nach dessen Artikel 27 Abs. 1 Satz 1 steht es den Parteien frei, das Recht ihrer Wahl zu vereinbaren. Dies geschieht durch die vorgeschlagene Regelung zum Gerichtsstand.

Wenn Streitigkeiten aus einem Projekt zu einem gerichtlichen Verfahren eskalieren, dann ist das Projekt in aller Regel endgültig **gescheitert**. Es wird vor Gericht praktisch nie darum gehen, gebrochenes Glas zu kitten, sondern nur darum, die Scherben wegzukehren. Hinzu kommt, dass gerichtliche Verfahren nicht immer als geeigneter Ort erscheinen, die komplexen Gegebenheiten misslungener Projekte aufzuarbeiten. Juristen sind Fachleute des Rechts, nicht der dem gescheiterten Vertrag zugrunde liegenden technischen Sachverhalte. In der Praxis wird der Ausgang des Rechtsstreits daher meist durch das Gutachten eines Sachverständigen entschieden und ist so für alle Beteiligten kaum vorhersehbar.

Häufig wird es sich daher anbieten, im Krisenfall weitere Eskalationsstufen vor ein gerichtliches Verfahren zu schalten oder dieses ggf. sogar ganz durch andere Konfliktlösungsmöglichkeiten zu ersetzen. Diese Maßnahmen setzen nach den ohne Beteiligung Dritter stattfindenden Stufen an, wie sie unter Punkt 5.4.4 bereits angesprochen wurden.

Als solche weitere Stufe kann sich eine zwingende **Mediation** anbieten. Darunter versteht man ein außergerichtliches Verfahren konstruktiver Konfliktlösung. Dabei wird ein unabhängiger Dritter eingeschaltet, der verfahrene Situationen in einem flexiblen Verfahren nicht mit juristischen, sondern vielmehr mit kommunikativen Mitteln löst. Es geht darum zu erkennen, was die Parteien „eigentlich" wollen und wo die „wirklichen" Probleme liegen. Nach dieser Analyse lassen sich häufig Lösungen finden, die eine Weiterführung des Projekts oder wenigstens eine schnelle und saubere Abwicklung erlauben. Immer aber arbeitet Mediation ohne Zwang: Es gibt kein Urteil, sondern Empfehlungen.

Vor oder anstelle eines gerichtlichen Verfahrens kommt auch die Anrufung eines **Schiedsgerichtes** in Betracht. Dies ist ein privates Gericht, vor dem durchaus nach einem formalen Verfahren verhandelt wird, am Ende des Verfahrens steht ein Schiedsspruch, der ggf. auch vollstreckt werden kann. Schiedsrichterliche Tätigkeiten werden etwa von den Industrie- und Handelskammern, aber auch vielen – teilweise sehr spezialisierten – privaten Einrichtungen angeboten. Häufig wird ein solches Schiedsgericht eine eigene Verfahrensordnung haben, die Parteien können hier aber auch eigene Vereinbarungen treffen oder die Regelungen der Zivilprozessordnung (ZPO) in den §§ 1025 ff. vereinbaren.

Schiedsgerichte arbeiten häufig nicht nur schneller als die ordentlichen Gerichte, sondern sind oft auch kostengünstiger und weisen hohe Kenntnisse nicht nur auf rechtlichem, sondern vor allem auch auf dem jeweiligen fachlichen Gebiet auf.

Klauseln, mit denen die Parteien die Anrufung eines Schiedsgerichts vereinbaren können, werden in aller Regel von den Schiedsgerichten selbst vorgeschlagen und können oft auf deren Internetseiten heruntergeladen werden. Die Verfahrensordnungen finden sich weniger oft öffentlich, werden aber meist auf Anfrage gern an Interessenten versendet.

5.20.3.4 Vollständigkeit, keine Nebenabreden

Bereits mehrfach war ja die Rede davon, dass der Vertrag als „Spielregel" zwischen den Parteien funktionieren muss, sich aus seiner Lektüre erschließen sollte, was in jeder Phase der Projektabwicklung zu tun ist. Diese Funktion wird der Vertrag aber nur dann erfüllen können, wenn die niedergelegte Fassung auch **vollständig** die Einigung zwischen den Parteien wiedergibt.

Das heißt, dass alle Änderungen und Abreden nach Vertragsschluss möglichst in einem festgelegten Verfahren (dazu Punkt 5.11) und nachvollziehbar, vor allem schriftlich, dazu die nachfolgend diskutierte Klausel, festgehalten werden.

Dieselben Erfordernisse sind aber auch an die Phase der den Vertragsschluss vorbereitenden und diesen begleitenden Abreden zu stellen. Es sollte keiner Partei gestattet werden, sich darauf zu berufen, dass in der Verhandlung des Vertrages noch von Punkten die Rede war, die – aus welchen Gründen auch immer – zwar keinen Eingang in den Vertrag gefunden haben, dennoch aber Berücksichtigung finden müssten. Zur Sicherung dieses Zweckes wird eine Klausel wie die im Mustertext vorhandene vorgeschlagen.

5.20.3.5 Schriftform, Protokolle

Zur Sinnhaftigkeit einer strukturierten und vor allem nachweisbaren Kommunikation betreffend die vertraglichen Abreden zwischen den Parteien ist bereits mehrfach Stellung genommen worden. Diesen Zwecken dient auch die vorgeschlagene **erweiterte Schriftformklausel**. Dabei ist darauf zu achten, dass nicht pauschal Schriftform von Abreden bedungen wird. Denn dies würde dem Sinn der im Vertrag vereinbarten Projektorganisation mit ihren zu protokollierenden Projektsitzungen widersprechen. Vielmehr müssen deren festgehaltene Ergebnisse ebenfalls verbindlich sein.

Die Parteien haben es in der Hand, einmal geschlossene Verträge formlos zu ändern. Die erweiterte Schriftformklausel ist allerdings Teil des vorliegenden Vertrages. Treffen die Parteien daher mündlich eine vertragsändernde Absprache, so könnte argumentiert werden, dass damit stillschweigend auch die Formklausel abbedungen werden soll. Um das zu verhindern wird zuletzt bestimmt, dass diese Abbedingung ausdrücklich gerade in der vertraglich vorgeschriebenen Form erfolgen muss. Es ist dennoch Aufgabe der Parteien, jeweils selbst auf die Einhaltung der Schriftform zu achten.

Was genau mit „Schriftform" eigentlich gemeint ist, bestimmt § 126 BGB:

§ 126 BGB - Schriftform

(1) Ist durch Gesetz schriftliche Form vorgeschrieben, so muss die Urkunde von dem Aussteller eigenhändig durch Namensunterschrift oder mittels notariell beglaubigten Handzeichens unterzeichnet werden.

(2) Bei einem Vertrag muss die Unterzeichnung der Parteien auf derselben Urkunde erfolgen. Werden über den Vertrag mehrere gleichlautende Urkunden aufgenommen, so genügt es, wenn jede Partei die für die andere Partei bestimmte Urkunde unterzeichnet.

(3) Die schriftliche Form kann durch die elektronische Form ersetzt werden, wenn sich nicht aus dem Gesetz ein anderes ergibt.

(4) Die schriftliche Form wird durch die notarielle Beurkundung ersetzt.

Im formbedürftigen Vertrag müssen somit die gesamten Vereinbarungen der Parteien enthalten sein. Das Dokument ist handschriftlich von einer vertretungsberechtigten Person zu unterzeichnen. Die Zugehörigkeit von Anlagen zum Vertrag muss deutlich gemacht werden (dazu dient u.A. das Anlagenverzeichnis). Oft wird sich eine Paraphierung des Vertrages und auch der Anlagen anbieten.

Mit der in Absatz 3 des § 126 BGB zitierten „elektronischen Form" ist übrigens ein mit einer qualifizierten elektronischen Signatur versehenes Dokument gemeint, § 126a BGB. Es wird sich häufig gerade im insoweit affinen IT- und Medienbereich anbieten, diese Form in die vorgeschlagene Schriftformklausel einzubeziehen.

5.20.3.6 Salvatorische Klausel

Den geradezu klassischen Abschluss vieler Verträge – und auch des Mustertextes – bildet die so genannte salvatorische Klausel. Diese hat im Wesentlichen zwei Aussagen.

Zum einen bestimmt sie, dass der Vertrag – sollten einzelne Bestimmungen unwirksam sein – ungeachtet dessen **im Übrigen wirksam** bleibt. Dies ist keineswegs selbstverständlich. Denn zur selben Frage bestimmt der in der Klausel erwähnte § 139 BGB:

§ 139 BGB - Teilnichtigkeit

Ist ein Teil eines Rechtsgeschäfts nichtig, so ist das ganze Rechtsgeschäft nichtig, wenn nicht anzunehmen ist, dass es auch ohne den nichtigen Teil vorgenommen sein würde.

§ 139 BGB geht also im Grundsatz von der Gesamtnichtigkeit aus. Es wäre jedenfalls im Fall der Nichtigkeit einer Bestimmung im Einzelfall zu fragen, ob die Parteien den weiteren Vertrag nicht doch auch in Kenntnis der Nichtigkeit der betreffenden Bestimmung geschlossen hätten. Dies soll vermieden werden.

Es ist übrigens durchaus zu diskutieren, ob dies – jedenfalls in dieser Form – immer sachgerecht ist. Denn dem § 139 BGB wohnt ein nicht zu übersehender Gerechtigkeitsgehalt inne: Keine Partei soll an einem Vertrag festgehalten werden, der nur noch „Stückwerk" ist. Andererseits soll nicht jede „Kleinigkeit" zur Lösung vom Vertrag genügen.

Eine überdenkenswerte Kompromisslösung könnte darin bestehen, den Halbsatz aus der Klausel zu entfernen, in dem § 139 BGB abbedungen wird. Der Rechtssprechung des BGH folgend hätte dies zur Folge, dass die Vorschrift zwar dem Grunde nach anwendbar bleibt, aber die Vertragspartei, die sich auf die Gesamtunwirksamkeit beruft, die prozessuale Darlegungs- und Beweislast innehat, dass der Vertrag in der Tat ohne die nichtige Bestimmung nicht abgeschlossen worden wäre. Die Vermutungswirkung des § 139 BGB für die Nichtigkeit des Gesamtvertrages wird also umgekehrt.

Im zweiten Teil der salvatorischen Klausel wird bestimmt, wie mit vertraglichen **Lücken** verfahren werden soll. Das betrifft auch solche Lücken, die erst durch die Unwirksamkeit oder Nichtigkeit einer Bestimmung entstehen. Diese sollen mit Regelungen gefüllt werden, die dem wirtschaftlichen Zweck des Vertrages Rechnung tragen.

Das geht zunächst nicht über das hinaus, was ohnehin gelten würde. Denn wenn Verträge Lücken aufweisen – und sich diese nicht durch gesetzliche Vorgaben schließen lassen, gemeint sind also insbesondere Lücken der Leistungsbeschreibung – dann ist eine so genannte vertragsergänzende Auslegung anzuwenden. Dabei wird gefragt, was die Parteien verständigerweise vereinbart hätten, wäre ihnen das Fehlen einer Bestimmung bewusst geworden. Gerade in diesem Zusammenhang kann es aber auch kaum schaden, als Kriterium für eine solche Auslegung den Parteien – oder auch einem Schlichter, Schiedsrichter oder Richter – den wirtschaftlichen Zweck des Vertrages noch einmal ans Herz zu legen.

6 Formen der Zusammenarbeit auf der Dienstleisterseite

Nicht immer kann oder will ein Dienstleister allein ein Projekt bewältigen. Vielleicht reichen seine eigenen Ressourcen nicht aus oder er hat in bestimmten Teilbereichen nicht genügend eigenes Knowhow. Möglicherweise versteht der Dienstleister sich auch nur als „Manager", der die Leistungen Dritter organisiert und koordiniert. In diesen Fällen stellt sich die Frage, in welcher Form effektiv und sicher mit weiteren Parteien zusammen gearbeitet werden kann.

6.0   Einschaltung von Subunternehmern

Der Dienstleister kann sich entscheiden, zur Erfüllung bestimmter Teilaufgaben im Projekt Subunternehmer einzusetzen, selbst also zum Generalunternehmer zu werden. Diese Gestaltung hat aus der Sicht des Kunden eine Reihe von Vorteilen:

- Der Dienstleister organisiert und koordiniert auch die Teilleistungen, entlastet insoweit also den Kunden: Würde dieser den Subunternehmer direkt beauftragen, müsste er diese Arbeiten selbst leisten.
- Der Kunde erhält die Leistungen aus „einer Hand". Der Dienstleister, kann sich nicht darauf berufen, seine Subunternehmer hätten schlecht gearbeitet oder zu spät geliefert, denn:
- Der Dienstleister ist für die Gesamtleistung verantwortlich.

Selbstverständlich hat aber die Einschaltung von Subunternehmern auch für den Dienstleister Vorteile.

- Er kann Leitungen anbieten, zu deren Erbringung er allein gar nicht in der Lage wäre.
- Er wird sich in der Regel seinen erhöhten Aufwand vergüten lassen und ist insbesondere auch frei, Leistungen, die er günstig „einkauft", in der Weiterberechnung an den Kunden mit einem Aufschlag zu versehen.

Die Einbeziehung von Subunternehmern erhöht allerdings ganz erheblich die Komplexität und damit auch Fehleranfälligkeit des Gesamtprojektes.

Das beginnt bereits in der Angebotsphase. Denn schon hier müssen sich der Dienstleister und dessen Subunternehmer eng **abstimmen**. Geschieht dies nicht, bietet der Dienstleister dem Kunden möglicherweise mehr an, als er letztlich liefern kann. Der Subunternehmer sollte ständig über den Verlauf der Gespräche des Dienstleisters mit dem Kunden informiert werden, es kann sich sogar anbieten, den Subunternehmer jedenfalls bezüglich „seiner" Leistungen ganz offen in die Verhandlungen einzubeziehen.

In jedem Fall muss der Dienstleister dafür Sorge tragen, dass der Subunternehmer die Leistungen, die der Dienstleister dem Kunden bereits verbindlich angeboten hat, dann auch in der notwendigen Art und Weise, dem erforderlichen Zeitrahmen und dem geplanten Budget erbringt.

> Tipp: Häufig wird es sich anbieten, den Subunternehmervertrag bereits vor dem rechtsgültigen Abschluss des Vertrages zwischen dem Dienstleister und dem Kunden abzuschließen, dies aber entweder mit der Bedingung, dass der Vertrag erst bei endgültiger Erteilung des Hauptvertrages an den Dienstleister wirksam werden sol, oder jedenfalls mit einer Ausstiegsoption für den Fall der Nichterteilung.
>
> Ein solches Vorgehen trägt nicht nur dem Sicherungsinteresse des Dienstleisters Rechnung. Es dient auch dem Subunternehmer: Durch seine Mitwirkung bereits in der Vorphase des Projekts hat er ja durchaus wertvolle Vorarbeiten erbracht, hat also ein Interesse daran, nun den Unterauftrag auch zu erhalten.

Der Subunternehmervertrag ist – wenn er in mehr als nur dem reinen Zukauf eines mehr oder weniger fertigen Produkts besteht – oft selbst ein Projektvertrag. Er hat aber die Besonderheit, dass viele seiner Einzelheiten aus dem Hauptvertrag gleichsam **vorgegeben** werden. Das betrifft natürlich in besonderem Maße die zu erbringenden Leistungen.

Hier hat der Dienstleister das Risiko, dass die Verträge zum Kunden einerseits und zum Dienstleister andererseits nicht komplett deckungsgleich sind oder jedenfalls von den Parteien unterschiedlich interpretiert werden. Möglicherweise erhält er damit von seinem Subunternehmer weniger oder etwas anderes als er seinerseits dem Kunden schuldet.

> Tipp: Es kann sich durchaus anbieten, den Projektvertrag zwischen Dienstleister und Kunden oder jedenfalls dessen Leistungsbeschreibung als Anlage oder durch anderweitige Inbezugnahme in den Subunternehmervertrag einzubeziehen. So wird sichergestellt, dass hier keine Lücken oder unterschiedlichen Auslegungen vor allem hinsichtlich des Leistungsumfangs entstehen.
>
> Um keine Vertraulichkeitsabreden mit dem Kunden zu verletzen, erfordert ein solches Vorgehen aber in aller Regel dessen Genehmigung.

Stehen die gegenüber dem Kunden zu erbringenden Leistungen noch gar nicht fest, sondern wird, wie in unserem Beispielprojekt, die eigentliche Leistungsbeschreibung erst in einer eigenen Projektphase erstellt, so muss auch hier der Subunternehmer eng einbezogen werden.

Es darf nicht übersehen werden, dass der Dienstleister, wenn er die vom Subunternehmer zugelieferte Leistung entgegennimmt, diese noch prüfen, vielleicht abnehmen und ggf. in seine Leistung integrieren muss. Möglicherweise ist die Leistung des Subunternehmers sogar mangelbehaftet und es muss nachgebessert oder – im schlimmsten Fall – anderweitig Ersatz beschafft werden. Der Dienstleister muss sich für diese Fälle ausreichende zeitliche Puffer in den Vertrag mit dem Kunden einbauen.

Zuletzt steht der Dienstleister beim Management des Subunternehmer-Projekts vor der Aufgabe, eine effektive **Kommunikation** „nach oben und unten" sicherzustellen. Die Möglichkeiten fehlerhafter Projektkommunikation vervielfältigen sich, gleichzeitig werden Probleme in einem der beiden Vertragsverhältnisse in jedem Fall auch auf das andere durchschlagen.

> Tipp: Gerade wenn die Einbeziehung des Subunternehmers „offen", also mit Kenntnis des Kunden geschieht, kann es sich durchaus empfehlen, den Subunternehmer auch direkt in die Kommunikation und das Projekt-Management des Hauptprojektes einzubeziehen. Hier muss der Dienstleister aber darauf achten, nicht selbst aus dem Dialog zwischen Kunde und Subunternehmer ausgeschlossen zu werden.

6.1 Konsortien

Kann oder möchte ein Dienstleister die komplette Projektleistung nicht allein erbringen, andererseits aber weder als Subunternehmer auftreten noch die Generalunternehmerverantwortung tragen, so kommt die Bildung eines Konsortiums in Frage. Das ist ein Zusammenschluss von mehreren, **gleichgeordneten** Unternehmen zur Erbringung einer bestimmten Leistung. Dem Kunden treten die Konsortialpartner nicht als Einzelunternehmen, sondern als einheitliche Gemeinschaft gegenüber. Er spart sich damit erheblichen Koordinationsaufwand gegenüber der Alternative der Einzelbeauftragung verschiedener Auftragnehmer jeweils für Teile der gewünschten Projektleistung.

Die Konsortialpartner stehen vor der Aufgabe, nicht nur die Projektleistungen zu erbringen, sondern zunächst die Struktur der eigenen Zusammenarbeit zu definieren. Auch wenn sie hier detaillierte Regelungen nicht treffen, so bilden sie, da sie einen gemeinsamen Zweck verfolgen, eine Gesellschaft bürgerlichen Rechts, eine **GbR**. Für deren innere Verfassung und äußere Handlungsmöglichkeiten gibt das BGB in seinen §§ 705 ff. durchaus Regelungen vor. Diese passen allerdings kaum auf die spezifischen Gegebenheiten eines Konsortiums zur Abwicklung eines Projektvertrages. Nach der gesetzliche Vorgabe des § 709 Abs. 1 BGB steht etwa ohne abweichende Regelung die Geschäftsführung der Gesellschaft allen Gesellschaftern gemeinschaftlich zu. Das ist unter arbeitsteiligen Gesichtspunkten nicht tragbar.

Eine detaillierte Regelung in einem **Konsortialvertrag** ist daher unumgänglich. Hier sind zwei Komplexe zu regeln. Zunächst die **Struktur** des Konsortiums selbst, insbesondere:

- Geschäftsführung (das Tätigwerden der Gesellschafter im Verhältnis zueinander, dem Innenverhältnis),
- Vertretung (das rechtliche Tätigwerden der Gesellschaft nach außen),
- Ausscheiden und Eintritt eines Konsortialpartners; Möglichkeit, Voraussetzung und Folgen,
- Haftungsverteilung innerhalb des Konsortiums.

Zweiter wichtiger Regelungsgegenstand ist natürlich die interne Abwicklung der unter dem Projektvertrag mit dem Kunden geschuldeten **Projektleistungen**. Hier ist zu regeln:

- Aufgabenzuweisungen und Leistungsabgrenzungen zwischen den Konsortialpartnern,
- Einzelheiten der Integration der Einzelleistungen zu einer Gesamtleistung, etwa interne Projektpläne und Pflichtenhefte,
- Koordination der Leistungserbringung im Verhältnis zum Kunden,
- Internes Projekt-Management des Konsortiums.

Viele der im Leitfaden diskutierten Gedanken zu Projektorganisation und Kommunikationsstrukturen innerhalb der Projektpartner lassen sich in weiten Teilen auch auf Organisation und Kommunikation innerhalb des Konsortiums übertragen. Sie tauchen aber in doppelter Weise auf: als nach innen gerichtete Aufgabe des Konsortiums und als nach außen, auf den Kunden gerichtete Frage.

Der **Projektvertrag** zwischen Kunde und Konsortium unterscheidet sich auf den ersten Blick nicht strukturell vom „Normalfall", wie in diesem Leitfaden diskutiert; das Konsortium spricht – wenn auch nach innerer Abstimmung – dem Kunden gegenüber ja „mit einer Stimme". In der Praxis sind freilich durchaus einige Punkte zu beachten.

Die Struktur des Konsortiums, dessen interne Kommunikations- und Entscheidungsprozesse machen es **schwerfälliger** als einen normalen Dienstleister. Bei der Planung des zeitlichen Gefüges des Projektes oder bei der Setzung von Fristen ist dies zu berücksichtigen.

Beide Projektpartner sollten die definierten **Kommunikations- und Entscheidungswege** innerhalb des Konsortiums respektieren. Insbesondere darf der Kunde nicht – ob gewollt oder nicht – einzelne Konsortialpartner gegeneinander ausspielen; diese wiederum dürfen nicht versuchen, entgegen den internen Absprachen mehr Kontrolle zu erlangen als ihnen zusteht. Anderenfalls ist in aller Regel das Auseinanderbrechen des Konsortiums und damit natürlich ein Scheitern des Projekts die Folge.

Besondere Regeln bieten sich zuletzt zur Frage der **Beendigung** des Projekts an. So kann durchaus bestimmt werden, dass Kündigungen nur bezüglich der Leistungen einzelner Partner möglich sein sollen, die sonstigen Projektleistungen aber fortgeführt werden. Das kann soweit gehen, dass es der Kunde unter bestimmten Voraussetzungen in der Hand hat, das Konsortium gleichsam aufzulösen und mit den einzelnen Partnern allein weiterzuarbeiten.

7 Literatur

Sehr lesenswert ist das Werk von Prof. Dr. Jochen Schneider und Prof. Dr. Friedrich Graf von Westphalen (Herausgeber) **„Software-Erstellungsverträge"** (Verlag Dr. Otto Schmidt KG, 2006). Hier wird strukturiert das Thema des Werktitels in praktisch allen Facetten abgehandelt, umfassend wird dabei auch zu den Spezifika von Projektverträgen Stellung genommen. Zu vielen angesprochenen Punkten schlagen die Autoren auch kurze Musterklauseln vor.

Eine empfehlenswerte Sammlung von Musterverträgen für die IT- und Web-Branche stellt Dr. Helmut Redecker (Herausgeber) mit dem **„Handbuch der IT-Verträge"** (Verlag Dr. Otto Schmidt KG, 2002/2005) vor. Die Verträge sind durchgängig kommentiert, in den Anmerkungen wird auch zu den AGB-rechtlichen Fragen der Vorlagen Stellung genommen. Leider stammen die einzelnen Vertragsvorschläge im Werk jeweils von verschiedenen Autoren und sind entsprechend völlig unterschiedlich aufgebaut, folgen jedes für sich einer eigenen Philosophie. So ist es für den rechtlichen Laien leider kaum möglich, die Vorlagen zu mischen, Klauseln aus einem Textvorschlag in ein anderes Muster zu übernehmen. Dennoch stellt die Sammlung im IT- und Web-Bereich das wohl umfassendste und am besten erläuterte Werk auf dem Markt dar.

Ein Klassiker speziell des IT-Rechts ist das Werk von Prof. Dr. Jochen Schneider **„Handbuch des EDV-Rechts"** (3. Auflage, Verlag Dr. Otto Schmidt KG, 2003). Nach Aufbau und Umfang in der Tat ein Hand- und kein Lesebuch wird umfassend zu den Fragen des IT-Rechts Stellung genommen. Dabei kommen auch viele Fragen zur Sprache, die sich in (IT-) Projektverträgen stellen.

Ein besonders eingängig strukturiertes Werk hat Prof. Dr. Jochen Marly geschaffen: **„Software-Überlassungsverträge"** (4. Auflage, C.H.Beck, 2004). Die einzelnen Formen der Software-Überlassung werden schnell auffind- und erfassbar in der erforderlichen Tiefe und Breite behandelt. Das Werk enthält eine CD-ROM mit Musterverträgen.

8 Stichwortverzeichnis

☐ **iBusiness Honorarleitfaden**

Honorare und Produktionskosten bei der Entwicklung interaktiver Anwendungen. Der iBusiness Honorarleitfaden basiert auf einer Auswertung der Stundensätze und Stückhonorare für Dienstleistungen und Services in der New-Media-Produktion von mehreren hundert Agenturen und Produzenten. Er bildet damit eine verlässliche Kalkulationsgrundlage sowohl für Auftraggeber als auch für Auftragnehmer.
ISBN Nr. 978-3-939004-01-4   **29,00 Euro**

☐ **iBusiness AGB-Leitfaden**

Der iBusiness Leitfaden klärt auf, wann im Agentur-Bereich AGB sinnvoll sind, wie sie zur Vertragsgrundlage werden und welche Gesichtspunkte bei ihrer Erstellung und Verwendung zu beachten sind. Das Werk schlägt konkrete Musterformulierungen vor, kommentiert deren rechtlichen Hintergrund und gibt praktische Tipps zur richtigen Verwendung. Musterverträge und Textbausteine online herunterladbar.
ISBN NR. 978-3-933269-95-4   **39,80 Euro**

☐ **iBusiness Briefingleitfaden**

Ein Leitfaden für Auftraggeber und Auftragnehmer.
Dieser iBusiness Leitfaden bietet allen, die an Briefings für interaktive Projekte beteiligt sind, Tipps, Anleitungen, Hinweise sowie eine ausführliche Checkliste für effektive Briefings sowohl auf Auftraggeber- als auch auf Auftragnehmerseite.
ISBN Nr. 978-3-933269-94-6   **19,80 Euro**

☐ **iBusiness TMG-Leitfaden**

Seit März 2007 gelten ein neues Telemediengesetz (TMG) und ein neuer Rundfunkstaatsvertrag. Im TMG-Leitfaden zeigt der auf Medienrecht spezialisierte Anwalt Arne Trautmann Onlinepublishern, Redaktionen, Bloggern sowie Audio- und Video-Podcastern, wie sie ihre Webseiten nach den neuen Gesetzen rechtssicher und abmahnsicher gestalten und gibt Tipps, wie man sich bei Abmahnungen verhält.
ISBN Nr. ISBN 978-3-939004-04-9   **39,80 Euro**

☐ **iBusiness Freelancerleitfaden**

Das Buch stellt anhand eines Mustervertrages die rechtlichen und steuerlichen Fragen rund um die Beschäftigung des freien Mitarbeiters dar. Erörtert werden dabei insbesondere die sozialversicherungsrechtlichen und steuerlichen Probleme. Einen weiteren Schwerpunkt bildet die Abgrenzung zum Arbeitsverhältnis in arbeits- und sozialversicherungsrechtlicher Hinsicht, insbesondere auf die Vermeidung der Scheinselbstständigkeit. Musterverträge und Textbausteine online herunterladbar.
ISBN Nr. 978-3-933269-97-3   **39,80 Euro**

☐ iBusiness Arbeitsvertragsleitfaden

Zeigt anhand eines Musterarbeitsvertrages die Gestaltungsarten für Arbeitsverträge, so zur Befristung, zur Teilzeitbeschäftigung und zur Flexibilisierung der Arbeitszeit, wobei vor allem auf im IT- und Medienbereich wichtige Punkte eingegangen wird. Auch werden auf sozialversicherungs- und steuerrechtliche Fragen dargestellt. Musterverträge und Textbausteine online herunterladbar.
ISBN Nr. 978-3-933269-98-0   **39,80 Euro**

☐ iBusiness Steuerleitfaden

Der Leitfaden ist gedacht für Gründer und Freiberufler, denen er eine Anleitung gibt zur Vermeidung steuerlicher Überraschungen. Um auch den Agenturen einen Leitfaden für die tägliche Praxis an die Hand geben zu können, wird abschließend auf die besonderen Problematiken der freiberuflichen Personenzusammenschlüsse eingegangen.
ISBN Nr. 978-3-939004-03-0.   **39,80 Euro**

☐ Kalkulationssystematik

Die Kalkulationssystematik ist eine transparente Darstellung der Kostenstrukturen bei Projekten. Zum einen zur Eigenkontrolle, zum anderen dem Auftraggeber gegenüber. Zur detaillierten Planung und aktiven Steuerung der Kosten wird ein Formular mit ausführlichen Erläuterungen zur Verfügung gestellt, das auf CD-ROM mitgeliefert wird.
Herausgeber: dmmv (jetzt BVDW) und HighText-Verlag; 113 DIN A-4 Seiten.
ISBN Nr. 978-3-933269-76-8   **89,00 Euro**

☐ BVDW Gehaltsspiegel

Die aktuelle Untersuchung über Gehälter in der Multimedia-Branche. Tabellen und Charts mit Aufschlüsselung nach Regionen, Berufsfeldern und Wirtschaftszweigen. Eine Gemeinschaftsproduktion des Bundesverbandes Digitaler Wirtschaft (BVDW) und des HighText Verlags; 49 DIN A5-Seiten;
ISBN Nr. 978-3-933269-90-3.   **14,80 Euro**

Name, Vorname _____

Firma _____

Adresse _____

Datum, Unterschrift _____

HIGHTEXT VERLAG
Wilhelm-Riehl-Str. 13,
80687 München

Zurück im Kuvert oder
per Fax: (089) 578 387-99,
Telefon Leserservice: (089) 578 387-0

Hightext Verlag München,
Handelsregister München HR A 72216